전쟁 산문

전쟁 산문

안드레이 플라토노프

윤영순 엮고 옮김

Военная проза

Андрей Платонов

일러두기
- 이 책은 안드레이 플라토노프가 남긴 전쟁에 관련된 산문, 작가가 전쟁터에서 가족에게 쓴 편지, 오체르크(실화 기반의 짧은 이야기)를 선별해 번역한 것이다.
- 이 책은 오늘날 단편 소설로 읽히는 플라토노프의 '전쟁 산문' 다수가 작가가 활동한 당시에는 오체르크나 르포로 소개된 점, 작가가 종군기자로서 글을 발표했다는 점 등을 고려해 '산문'이라는 넓은 범주의 장르를 설정했다.
- 각 작품 앞에 옮긴이가 작성한 짤막한 의의와 소개글을 함께 실었다.
- 주는 모두 옮긴이의 주이다.

차례

아내와 아들에게 보내는 편지 • 11

영혼이 없는 적 • 31
작은 병사 • 51
죽은 자들의 요청 • 61
철갑 • 77
할아버지 병사 • 101
텅 빈 영혼 • 121
로자 아가씨 • 139
니키타 • 153
바람의 농부 • 171

옮긴이의 말 • 181
작가 소개 • 188
편집 후기 • 192

안드레이 플라토노프. 1940년대.

안드레이 플라토노프, 1922.

아내 마리야와 아들 플라톤. 1927.

플라토노프와 아내 마리야, 아들 플라톤. 1936.

플라토노프와 아내 마리야, 그리고 딸 마리야. 1950.

아내와 아들에게 보내는 편지

2차세계대전에 종군기자로 복무하는 동안 플라토노프는 친구와 동료 작가들, 그리고 아내와 아들에게 많은 편지를 보냈다. 때로는 전쟁터의 참상을, 때로는 자신이 창작 중인 작품에 관해 쓰기도 했다. 전쟁은 참담한 비극이었지만, 작가에겐 젊은 시절 겪었던 혁명과도 비슷한 가슴 뛰는 사건이기도 했다. 플라토노프는 자신이 사랑한 기계와 인간이 전쟁이라는 극한 상황에서 어떻게 움직이는지 면밀하게 고찰했다. 덕분에 플라토노프는 잃었던 지면도, 작가로서의 위상도 되찾게 되었다. 그렇지만 이 시기, 작가는 장인과 사랑하는 아들의 죽음이라는 개인적 비극을 겪기도 했다. 특히 대숙청의 여파로 미성년의 나이에 수용소로 끌려갔다가 폐결핵에 걸려 돌아왔던 아들 플라톤의 죽음은 작가에게 큰 충격을 안겼다. 전쟁터에서 목격한 수많은 죽음, 그리고 가까운 이들의 죽음을 통해 플라토노프는 삶과 죽음에 대한 나름의 정의를 내린 것으로 보인다. 특히 아내와 아들에게 보낸 편지들에서는 전쟁과 문학, 삶과 죽음에 대한 플라토노프의 깊은 고뇌와 성찰을 읽을 수 있다.

사랑하는 무샤!*

토샤는 샤프라노보에 잘 도착했는지, 타마라는 지금 어디에 있는지, 당신은 어떻게 지내는지 답 좀 해주오.** 나는 방금 돌아왔소. 며칠 동안 모스크바에 없었고 전방에 다녀왔다오.*** 7월 16일에 토샤가 보낸 편지를 받아 잘 읽었소. 일단 요양소행 바우처를 무사히 받았다니 기쁘오. 그리고 혹시 문학기금에서 1,600루블을 받았는지 모르겠소.

---

* 플라토노프의 아내 이름은 마리야 플라토노바(Мария Платонова)이며, 보통 러시아에서 통용되는 애칭은 마샤(Маша)지만, 작가는 아내를 주로 무샤(Муся) 또는 무센카(Мусенька)라는 애칭으로 부른다.
** 토샤(Тоша), 또는 토틱(Тотик)은 작가의 아들 플라톤(Платон)의 애칭이며, 이 편지를 쓸 당시 아들 플라톤은 샤프라노보(Шафраново)의 요양소에 묵고 있었고, 플라톤의 아내인 타마라(Тамара)는 시어머니인 작가의 아내와 함께 남부 우랄의 도시 우파(Уфа)에 피란하고 있었다.
*** 이때 작가는 모스크바 집으로 홀로 돌아와 명령에 따라 전선으로 취재를 다녀오곤 했다. 편지는 1942년 7월 17일부터 7월 27일까지 서부 최전선 취재를 다녀온 일을 언급하고 있다.

나는 현대전 전투의 무시무시하고도 아름다운 장면을 보았소. 하늘에서는 우리 편대의 천둥소리 같은 굉음이, 그 아래에는 포병 부대 포탄의 굉음이, 저 멀리서는 박격포의 둔탁한 소리가 들린다오. 그 광경에 너무 놀라서, 오히려 두려움을 잊어버리지. 지금은 이미 익숙해지고 기분도 괜찮아졌소. 우리의 공군은 강력하고 압도적으로 공격하고 땅 위의 적들 위로 먼지구름을 일으키고, 포병은 모든 것을 가루로 만든다오.

우리 병사들은 놀랍도록 훌륭하게 싸우지. 위대하고 선하며 용감한 우리 국민!

생각해보시오, 포격 소리를 들으며 수천의 사람들이 지하에 숨어 있고, 수천의 눈이 앞을 내다보고 수천의 심장이 뛰고 있소. 그러면 울컥하는 감정의 물결이 가슴에 밀어닥치고 나도 모르는 사이에 이상한 감동과 분노의 눈물이 턱을 따라 흘러내리오. 나는 기계를 좋아하오. 그런데 오늘날의 전쟁터엔 여기저기 다 기계들이라오. 덕분에 전쟁터가 마치 내가 좋아하는 기계들의 거대한 작업장 같소. 밤에는 하늘에서 불타오르는 적의 비행기를 보았소. 비행 속도와 바람 때문에 비행기 뒤로 섬광이 마치 마녀의 머리카락이 나부끼듯 번쩍이며 따라갔지. 이제 피곤해서 여러 가지 일 관련 부탁 편지는 나중에 쓰겠소. 이건 그냥 몇 가지 인상을 남긴 거요.

나는 알렉산드르 세묘노비치가 사망했다는 소식을 트로시킨에게 들어서 이미 알고 있었소.* 정말 애통하고, 명복을 빌고 있다오. 당신도 알다시피 나는 장인을 사랑했고 늘 그의 동지였소. 마지막 몇 년간은 특히 그랬지. 그와 함께 루가에서 어떻게 지냈는지를, 그리고 모스크바 우리 집에 장인어른이 다녀갔던 일도 기억하오. 이제 그는 이 세상에 없구려.

키스와 포옹을 보내오. 당신의 안드레이.

1942년 7월 27일

사랑하는 무샤!

내가 요즘 뭘 하는지 궁금하다고 했지. 나는 셀 수 없을 정도로 많은 일을 하고 있소. 지금 하는 가장 중요한 일은 세바스토폴의 다섯 전사—해병에 관한 중편** 집필이오. 온 몸에 폭탄을 두르고 적의 탱크 밑바닥으로 스스로 몸을 던진 그 사람들 이야기를 기억하오? 내 생각에 이 사건은 전쟁의 가장 위대한 에피소드이며, 이들 다섯 명을 기억하기 위해 훌륭한 작품을 쓰는 게 내 의무라고 여겨지오. 나는 내 안에 있는 모든 기운과 정신을 모아서 그들에 대해 쓰고 있소. 그리고 이 작품

---

*   알렉산드르 세묘노비치 카쉰체프(Александр Семенович Кашинцев)는 작가의 장인으로, 레닌그라드 봉쇄 당시 사망했다. 트로시킨은 작가와 친밀하게 지내면서 생계 및 출판 관련 실질적인 도움을 주던 인물로, 당시 소비에트 재정국에서 일한 것으로 보인다.
** 전시 집필 작품 중 가장 긴 「고양된 사람들(Одухотворенные люди)」로, 여기서 작가는 2차세계대전 당시 폭탄을 두르고 적의 탱크로 몸을 던져 산화한 다섯 해병의 실제 이야기를 그리고 있다.

은, 만약 완성만 된다면, 죽은 영웅들의 영혼에게 멀리에서나마 다가갈 수 있도록 해줄 것이오. 내가 조금이라도 뭔가를 이뤄낸다면, 그들의 영웅적 행동이 주는 영감이 나를 이끌어준 덕분일 것이오. 나는 때로 이 원고에 눈물을 쏟으면서 작업을 하고 있소. 하지만 이것은 연약함의 눈물은 아니오. 이게 요즘 내가 하는 일이오.

1942년 8월 10일

안녕, 내 사랑하는 무샤와 토틱!

생일 축하 전보를 보내줘서 고맙소. 어제로 43살이 되었지. 어쩌다 보니 심지어 작은 축하연도 열렸다오. 나를 매우 좋아하는 문학연구소 학생 세 명이 왔었소.(그들을 피할 수가 없었지) 선물로 보드카 1리터를 가져왔더군. 표트르 트로시킨, 표트르의 남동생, 베라, 코제브니코프, 나탄 아브라모비치도 왔었소. 가게에서 소시지를 조금 구했소. 나는 최전방에서 있었던 일을 기억해서 일종의 작은 건배사를 했다오. 우리 지휘관 한 명이 공격을 명령할 때, 적의 무자비한 공습이 있었고, 포탄으로 인해 지휘관의 왼팔이 떨어져 나갔지. 그러자 지휘관은 잘린 왼팔을 오른손으로 들고 피범벅된 그 팔을 칼처럼, 깃발처럼 머리 위로 치켜들고서는 "진격하라!"라고 외쳤소. 그러자 분노한 전사들은 그의 뒤를 따라서 맹렬하게 공격했소. 그렇게 내 첫 건배의 헌사는 위대한 러시아 군인의 건강과 승리를 위한 것이었다오.

이 왼팔과 연관된 실화를 나는 단편 「레퀴엠Реквием」에서 묘사했다오.(다섯 명의 세바스토폴 선원을 기리며)*

문학 관련 일은 현재까진 아주 잘 진행되고 있소. 조만간 내 단편들, 「철갑」과 「신의 나무Божье дерево」가 붉은군대 최고 신문인 『붉은 별Красная звезда』에 실릴 것 같소.

잡지 『10월Октябрь』에는 「농부 야가파르Крестьянин Ягафар」가 출판될 거요. 『붉은 군인Красноармеец』에는 「할아버지 병사Дедсолдат」가 실릴 것이오.

『붉은 별』은 상임 필진으로 나를 초빙했고(이건 대단한 영예요), 또 『붉은 함대Красный флот』, 『붉은 군인』, 『붉은 해병Краснофлотец』 등에서도 제안이 있었소. 그리고 더, 더 많은 일이 계속 들어오고 있소. 곧 우리 재정 상황도 나아질 것이오. 아마 좀 더 많은 돈을 보낼 수 있을 거 같으니 말이오.

「철갑」은 편집진에게 큰 인상을 남겼고, 그들이 내게 전했듯이 "날것의 환희"를 느꼈다고 하오. 그들의 부탁으로 내가 작품을 낭독했는데, 다 읽었을 무렵 청중 대다수가 눈물을 흘렸고, 한 사람은 아예 목 놓아 울었소. 도서관에 가서 『붉은 별』을 읽어보길 바라오.

---

* 이 역시 「고양된 사람들」을 뜻한다. 플라토노프는 이 작품의 제목을 몇 차례 바꾸었다.

이제 당신 두 사람을 이곳으로 부르는 문제에 대해서요. 나는 결정 권한이 있는 사람들에게 이미 이 문제를 정면으로 제기했소. 그들은 그렇게 해주겠다고 굳게 약속했다오. "당신의 아내와 아들은 당신과 함께 겨울을 나게 될 겁니다"라고 말했더군. 9월에 전반적인 상황이 허락한다면 아마 모든 게 결정될 걸로 생각하오. 만약의 경우에라도, 적어도 우파*에 당신 두 사람을 위한 거주지가 제공될 거요. 그곳으로 이미 이행 명령서가 두 번이나 전송되었소. 이건 확실히 이행될 거요.

내가 서부 전선에 다녀왔다고 이미 편지에 썼었지.

9월 십 며칠쯤에 나는, 아마도 종군기자로 보로네슈** 쪽으로 갈 것 같고, 그땐 이미 정복을 입을 것이오.*** 내 조국에 무슨 일이 일어났는지를 살펴보겠소. 무덤에 가서 모든 죽은 자들을 위해 울 것이오.

나는 전선에서 음악도 들을 수 없고, 꽃을 볼 수도 없는 가장 용감한 사람들을 목격했고, 그들을 위해 울었소. 내 사랑하는 무샤와 토틱! 나는 그 짧은 시간에 너무 많은 것을 봐야만 했소. 이제 더 많은 것을 목격하고 경험하겠지. 부디 내게 편

---

* 1942년 당시 많은 모스크바인이 우파(Уфа)에 피란해 있었다.
** 보로네슈(Воронеж)는 러시아 남부의 도시로 플라토노프의 고향이다. 당시 작가는 모스크바에 살고 있었으나 친척들은 여전히 이곳에 살고 있었다.
*** 정복을 입는다는 표현은 정식으로 장교 발령이 난다는 것을 뜻한다. 작가는 1942년에 이미 종군기자로 전선에 파견되었으나, 『붉은 별』의 종군기자로 정식 발령은 1943년 3월 8일에 났고, 대위 직급 장교로서 정식 발령 날짜는 1943년 4월 22일이었다.

지를 써주시오.

...

우리가 다시 만나 헤어지지 않을 그때까지 나는 살아내고 일하고 기다릴 거요. 토샤의 건강은 정말 어떻소? 왜 요양소에는 그렇게 잠깐만 머물렀소? 요양소에서 머문 게 조금이라도 도움은 된 거요?(물론 큰 도움이 되었을 리는 없소만) 가능할 때마다 소포를 보내겠소.

지금 버터, 설탕, 곡식류가 내 필요량보다 더 많이 있는데 누구 편으로 보내야 할지 모르겠소. 우리, 서로를 위해서라도 살아냅시다. 우리는 더 행복하게 살 거요. 그리고 만약 무슨 일이 생기더라도, 그것이 운명이라면 내 죽음은 부끄러운 것이 아니라, 러시아 군인의 죽음이 될 것이오. 아직 마음속에 있는 걸 전부 다 쓰지 못해 아쉽고, 내 심장은 아직 힘이 넘친다오.

당신 둘에게 키스와 포옹을 보내오. 당신들의 안드레이.

...

1942년 8월 30일

사랑하는 무샤와 토샤!

… 당신들 두 사람이 얼마나 보고 싶은지 모르겠소. 당신들을 이곳으로 부르기 위해 최선을 다하고 있소. 하지만 지금은

새로운 엄격한 규칙이 있다오. 그렇지만 내 소원이 이뤄지길 빌고 있소. 걱정하지 말고, 참을성 있게, 편안하게 지내길 바라오. 내가 당신들을 보살필 거요. 곧 내게 군 계급을 부여할 것 같소.(내 생각에는 작대기 세 개는 줄 것 같소) 아마도 해군 계급을 받을 거고, 나이가 들면 해군복을 입을 것 같소.*

당신 둘을 포옹하오. 당신의 A.

1942년 9월 5일

사랑하는 무샤, 사랑하는 토샤!

나는 어젯밤 여기에 도착했는데, 아마 더 멀리 진격할 거요. 계속 이동 중이라서 아직 주소가 없다오. 나는 괜찮소. 무샤와 토샤! 이 세상에 당신 둘보다 더 소중한 사람은 없소. 토샤의 병이 정말 걱정이군. 토샤 혼자서 거기 어떻게 있는지.** 무샤, 내가 부탁한 일을 서둘러주오. 그리고리 엠마누일로비치 소로킨***을 본다면 올해 내로 책을 출판할 수 있도록 애써 달라고 부탁해주시오.

---

*   여기서 플라토노프는 중령 계급을 염두에 둔 것으로 보인다. 결과적으로 1943년 작가가 받은 계급은 행정 장교 대위였다.
** 아들 플라톤은 시베리아 유형에서 모스크바로 돌아오자마자 병원에 입원해야만 했다. 그의 건강은 계속 나빠졌고, 결국 그 원인으로 작가의 출정 일정은 취소되었다.
*** 그리고리 엠마누일로비치 소로킨(Григорий Эммануилович Сорокин, 1898-1954)은 소련의 시인이자 작가, 출판인으로 일했다.

또 연락하겠소. 두 사람에게 키스와 포옹을 전하오. 당신의 안드레이.

...

1942년 11월 19일

사랑스러운 무샤, 친애하는 토틱!

나는 여기저기를 돌아다니고 여러 다른 장소에서 숙영하고 있소. 단편 하나를 썼는데 이제 편집부로 보내려고 생각 중이오. 당신 두 사람이 정말 그립소. 좀 피곤하긴 하지만 마음은 편안하오. 많은 걸 봤고, 앞으로도 많은 걸 보게 되겠지. 내 주소가 없어서 안타깝소. 나는 아가스페르*처럼 고통스러워하고 있소. 우리 토틱이 지금 어떤 상태인지, 그리고 내 사랑하는 당신이 어떻게 지내는지 말해주질 않으니 알 수가 없잖소. 거기서 누가 당신을 모욕하진 않았소? 그래도 당신을 보호해 줄 사람들을 찾을 수 있을 것이오. 이곳의 삶은 완전히 다르다오. 나는 내 영혼으로 그걸 흡수하고 있소만, 내 영혼이 꽤 늙었고 완전히 건강하지 않다는 게 안타까울 따름이오. 표트르

---

* 아하스베루스 또는 아하수에로, 러시아어로는 아가스페르. 예수가 재림할 때까지 영원한 방랑자로 떠돌아다녀야 하는 인물. 성서 외전에 따르면 십자가를 진 예수 그리스도가 아가스페르의 집 옆을 지나갈 때 잠시 쉬기를 청했으나 그는 이를 거절했다고 한다. 그 대가로 그에게는 영원한 떠돌이의 숙명이 주어졌다.

트로시킨에게 안부 전해주시오. 당신과 아들을 포옹하면서.
당신의 A.

추신. 이 단편의 제목은 '러시아의 마트료시카'*라오.

1942년 11월 23일

사랑하는 나의 무샤!

나는 여기서 그럭저럭 지내고 있소만, 끊임없이 작업하고, 여기저기 다니고, 행군하고 있소. 때로는 힘들지만 대체로 괜찮소. 나는 여기서 상당히 예술적인 작품을 쓸 수도 있을 것 같소. 이곳의 하루는 모스크바의 하루와 같지 않소, 아마도 더 길겠지. 당신에게서 소식이라도 하나 받을 수 있을지 모르겠소. 나는 정해진 주소도 없고 한곳에 길게 머무르지도 않소. 아마도 당신에게 전화를 할 수도 있겠지만, 이게 가능한지도 모르겠소. 무엇보다도 토릭이 걱정된다오. 그 아이를 잘 지켜냅시다. 전쟁 후에 당신과 나 사이에 또 아이가 생길 수도 있겠지.**

---

* 작가의 작품 중 현재까지 이런 제목의 단편은 발견되지 않았다.
** 아들이 죽은 다음 해, 전쟁이 끝나기 전인 1944년 플라토노프의 딸 마리야(Мария Андреевна Платонова, 1944-2005)가 태어났다. 작가는 사랑하는 아내의 이름을 따라 딸의 이름도 마리야로 지었고, 딸의 노력 덕분에 플라토노프 사후 많은 작품이 발굴되고 출판될 수 있었다.

...

당신을 포옹하고 당신과 아들에게 군인의 굳센 입맞춤을 보내오.

당신의 안드레이.

추신. 언제 도착할지 아직 모르겠소. 아마도 다음 편지에서 알려줄 수 있을 것 같소.

1942년 11월 24일

사랑하는 무센카!

당신 혼자 거기서 어떻게 지내고 있소? 지금 밖에는 강한 눈보라가 치고 있다오. 눈보라가 멈추거나 좀 잠잠해지면 나가보려 하오.

내가 먹을 음식과 담배를 받기 위해선 6킬로미터를 가야만 하오. 여기서는 무료로 배급하기 때문에 돈이 전혀 필요하지 않소. 토틱은 괜찮소? 그의 건강과 당신의 상황에 대해 당신에게서 어떤 소식도 받을 수가 없구려. 그래서 괴롭고, 때로는 환각 상태에 빠질 지경이오.

...

스탈린그라드˙에서 우리가 승리했다는 소식을 어제서야 듣고 매우 기뻤소. 여기선 모두 이 승리를 축하하고 있소. 나는 부지런히 전쟁으로 스며들고, 많은 사람을 보고, 종일 바쁘고, 많이(가끔은 수십 킬로미터나) 다니고 있소. 아주 피곤한데도 잠을 잘 자진 못하오. 꿈속에서 당신과 아들을 자주 본다오. 부디 건강하길. 그리고 온화하게 행동하길 바라오. 작가들과 논쟁하지 말도록 하고. 괜히 그랬다가 나도 없을 때, 그들이 당신을 모욕할까 걱정이오.

… 당신들 두 사람에게 키스와 포옹을 보내오. 당신의 안드레이.

추신. 그나저나 당신은 외투도 없이 어떻게 다니고 있소? 내가 부탁한다고 하고 옐레나 빅토로브나**에게 긴급히 요청해요. 그렇게 다니다간 병에 걸릴 거요.

1942년 11월 25일

안녕, 사랑하는 나의 아내 무샤!

정오에 미추린스크***에 도착했소. 기차는 내일 보로네슈로 출발할 것 같소. 코체토프카를 지나왔는데, 당신과 함께 둘이서 다녔던 그때와는 많이 달라진 것 같은 느낌이었소. 내일이

---

* 2차세계대전 당시 대격전지, 현재는 '볼고그라드'라고 불린다.
** 옐레나 빅토로브나가 누구인지는 알려지지 않았다.
*** 러시아 남부 탐보프(Тамбов) 지역의 도시이다.

나 모레 아마도 보로네슈에 도착하겠지. 보로네슈에 도착하면 당신에게 다시 편지를 쓰리다. 그리고 아마도 더 멀리 진군하게 되겠지.

당신들 두 사람이 보고 싶다오. 당신이, 그리고 우리의 아들이 말이오. 정말로, 그리고 슬플 정도로 보고 싶소. 죽은 토틱*은 내게는 어쨌건 영원히 살아 있다오.

그곳에서 부디 몸조심하길. 내가 부탁한 이런저런 일을 해주길 바라오. 나는 아마 한 달 반이나 두 달 이후에야 당신에게 갈 수 있을 것 같소. 만약 그 전에 먼저 『붉은 별』에서 해군 쪽으로 나를 보내지 않는다면 말이오.

미추린스크는 옛날의 코즐로프요!** 오래전 이곳을 다녀간 적이 있소만 잊어버렸소. 이곳은 지루하다오. 먼지투성이에다 더운데 나는 완전히 홀로 있소. 숙소에 앉아서 당신, 그리고 공동묘지에 있는 아들의 무덤을 생각한다오. 나를 대신해서 아들의 신성한 무덤 흙에 입 맞춰 주시오.

키스를 보내며, 당신의 안드레이.

무샤! 그리고 나를 용서해주오. 모스크바에 있을 때 이야기하는 걸 잊어버렸소. 리디야 아리스타르호브나 볼샤코바에게

---

* 작가의 아들 플라톤은 시베리아 유형에서 걸린 폐결핵으로 1943년 1월 4일 사망했다.
** 미추린스크는 1932년까지 코즐로프라고 불렸다. 이곳 출신 유명 과학자인 미추린스크를 기념하여 도시 이름을 바꾸었다.

(그녀의 딸 나타쉬카에게 전하는 게 더 나을 거요)* 흑빵 1킬로그램을 전해주시오. 한두 주 전에 1킬로그램짜리 흑빵 4분의 1조각(아마도 200그램보다 더 적었을 거요)을 빌렸다오. 그러고선 그걸 갚질 않았소. 당신에게 말하기가 겁이 났소. 나타쉬카에게 빵을 갚도록 부탁하오. 그리고 당신의 주정뱅이를 용서해주길.

안드레이.

1943년 5월 24일

사랑하는 나의 무샤!

어쩌다 보니 지금 보로네슈 근방에 머무르고 있다오. 바로 우리가 토샤와 함께 언젠가 여름에 살았던 곳 말이오. 나는 더 진군하고 싶지만, 이삼일이라도 여기 더 머물 가능성 또한 찾고 있소. 어제는 잠시 보로네슈에 다녀왔다오.(군용트럭에 타고 지나가기만 했지) 우리가 살았던 집을 지났는데, 아버지는 계시지 않았소. 아마도 내일 그리운 고향을 방문하기 위해 거기 한번 다녀올 작정이오. 어제는 정말 힘들었소. 도시는 흡사 영혼만 남은 것처럼 완전히 유령도시가 되었소. 적어도 내겐 그렇게 생각되었지. 나는 심지어 울었다오. 이곳에서 벌어진

---

* 1938년 대숙청 당시 총살당했던 작가 콘스탄틴 볼샤코프의 여동생과 조카로 보인다. 이들은 당시 플라토노프의 이웃집에 살았다.

전투가 얼마나 처참했는지. 사랑하는 당신. 그곳에서 홀로 어떻게 살아가고 있소?

부디 나를 대신하여 우리의 성스러운 아들의 무덤, 그 머리맡에 입 맞춰 주오.

1943년 5월 28일

사랑하는 나의 무샤!

나는 계속 여기저기 옮겨 다니고 있소. 많은 것을 보고 여러 사건을 겪었다오. 계속해서 토샤에 대해서 생각하고 있소. 그에 대한 한 가지 사실을 써보려고 깊이 생각하고 있다오. 모스크바로 돌아가면 이 매우 중요한, 모두를 위해서도 중요한 이 주제를 얼른 써보겠소. 때로 힘들고 두렵기도 하지만 지금은 항상 평온하오. 내 사랑스런 당신은 홀로 어떻게 지내고 있소? 표트르 아르테모비치에게 안부를 전해주시오. 그리고 만약에 내 사랑하는 손자가 도착했다면 나를 대신해서 그 아이를 쓰다듬어주길.* 어딘가 잠시라도, 좀 길게 머물게 된다면 당신에게 편지를 더 자주 보내겠소. 나의 합법적인 배우자, 내 아내를 포옹하오!**

---

* 플라톤의 아내 타마라는 아들 알렉산드르와 함께 1943년 9월 10일에야 모스크바로 돌아왔다. 이 편지를 쓸 당시에 작가의 손자는 모스크바에 없었다.
** 작가는 실질적인 결혼 후 20년이 넘게 지난 1943년 5월 22일에 아내와 공식적인 혼인신고를 했다.

안드레이.

1943년 6월 4일

사랑하는 내 아내 마샤!

나는 쿠르스크 근방에 있소. 아주 격렬한 공중전을 관찰하고 또 경험하고 있소. 한번은 내게도 사건이 일어났소. 독일군들이 기차역 한 곳을 폭격한 거요. 우리는 모두 열차에서 뛰쳐나왔다오. 나도 역시. 모두 바닥에 엎드렸지. 나는 늦어서 선 채로 번쩍이는 로켓을 목격했다오. 폭격을 피해 엎드릴 틈이 없어서 나무에 머리를 부딪쳤는데, 다행히 머리는 멀쩡하오. 하지만 한 번도 아픈 적이 없었던 머리가 이틀 동안 아팠고, 코피가 쏟아지면서 이 사건은 마무리가 되었다오. 이제 이 모든 게 다 지나간 것 같소. 나를 죽이기엔 폭격이 너무 약했던 것이지. 내 머리 위에 바로 폭탄이 투하되면 죽을지도 모르지만. 당신은 거기서 어떻게 지내고 있소, 외로운 내 아내! 나는 정말 당신이 보고 싶고, 정말로 하고 싶은 말도, 쓰고 싶은 것도 많소. 그리고, 가장 중요한 것은 아르메니아 공동묘지* 대지의 그 작은 봉분을 그리워하는 마음이오. 언제 다시 그곳에 갈 수 있을지 나도 모르겠소. 거기 무슨 새로운 소식이 있소?

---

* 모스크바에 있는 공동묘지로, 플라토노프의 아들 플라톤의 무덤이 있는 곳. 플라토노프도 사후 이곳에 묻혔다.

너무 먼 곳으로 다니다 보니 드물게 소식을 들을 수 있다오. 우리 아들 토샤의 운명과 연관된 아주 중요한 한 가지 사실에 대해 생각하고 있다오. 하지만 여기 어디서 그 이야기를 쓸 수 있겠소! 내가 당신을 사랑하고, 그리고 당신이 살아 있는 한 나 역시 살아남기 위해 노력하고 있음을 알아주길. 그리고 내 영혼의 나머지 절반과 모든 재능은 토샤에게 속한다오. 나는 이곳 전쟁터에서 그의 죽음을 통해 가장 중요한 결론을 내렸다오. 당신은 그게 무엇인지 나중에야 알게 되겠지, 아마도 이게 조금이나마 당신의 슬픔을 위로해줄 수 있을 거요.

키스를 보내며, 안드레이.

1943년 6월 6일

영혼이 없는 적

Неодушевленный враг

「영혼이 없는 적Неодушевленный враг」은 주간지 『문학의 러시아Литературная Россия』에 「소련 병사와 파시스트 병사에 관한 철학적 사유Философское раздумье о советском солдате и о солдате-фашисте」라는 제목으로 1965년 발표되었다. 작가가 기록한 집필 시기는 1943년으로, 전쟁과 적의 본질에 대한 플라토노프 특유의 성찰이 돋보이는 작품이다. 이 단편에서 작가는 적을 영혼이 없는 존재로 정의한다. 치열한 전투 중 적군과 일대일로 마주한 상황, 둘은 맨주먹으로 상대를 제압하려 하는데, 화자는 적에게 '그들이 누구이며, 왜 남의 땅에 와 있는가'라는 질문을 던진다. 화자는 적의 실체를 단순히 악한 존재가 아니라, 자신의 언어와 사유가 없는, 그리하여 영혼이 없는 존재로 그려낸다. 타자의 말을 외워서 말하는 인간은 스스로 사유하고 판단할 능력이 없고, 그리하여 남의 뜻대로 무심하게 악을 저지를 수 있다는 작가의 고찰은 여러모로 흥미롭다. 사유의 부재로 파시즘의 가능성을 정의하는 플라토노프의 고찰은 이미 1920년대 창작에서 공산주의 관료나 활동가를 그려낼 때 볼 수 있었다. 이러한 정의는 한나 아렌트가 아이히만의 재판 참관 후 쓴 『예루살렘의 아이히만』에서 제시한 '악의 평범성'의 개념과도 맞닿아 있다.

인간이 스무 살까지 산다면 여러 차례 죽을 뻔한 적이 있을 것이며, 심지어 몇 번은 죽음의 문턱을 넘나들고서 다시 삶으로 돌아오기도 했으리라. 인간은 죽을 뻔했던 몇 번의 경험을 기억하기도 하지만 잊어버리기도 하고, 심지어는 알아채지도 못한 채 그런 일을 겪기도 한다. 죽음은 결코 갑자기 인간에게 다가오지 않으며, 죽음은 말 그대로 인간 존재의 가까운 동반자이지만, 단 한 번만 인간을 지배할 수 있을 따름이다. 인간은 짧은 생애 동안 (때때로 무모한 용기로) 죽음을 극복하고 죽음을 저 멀리 미래로 던져버리기도 한다. 사실 죽음은 패할 운명이며, 단 한 번의 승리를 달성하려면 몇 번이나 패배를 맛보아야만 한다. 죽음은 극복 가능한데 왜냐하면 살아 있는 존재는 자신을 보호하면서, 파멸을 초래하는 저 적대적인 세력에 대해 스스로 죽음이 되기도 하기 때문이다. 그리하여 죽음을 극복하기 위해 삶이 죽음과 결합

하는 이 고양된 삶의 순간은 보통 기억되지 않는다. 비록 이 순간이 순수하고 고귀한 기쁨이 되기는 하지만.

얼마 전 전쟁터에서 내게도 죽음이 다가왔다. 포탄이 폭발하는 순간 나는 공중으로 튕겨서 날아올랐고, 마지막 호흡이 나를 옥죄었을 때 세상은 흡사 고요하고 멀어지는 비명처럼 내게서 잦아들었다. 그다음 순간 나는 다시 땅 위로 내동댕이쳐졌는데, 파편 같은 흙먼지가 나를 뒤덮었다. 하지만 내게 생명은 아직 남아 있었다. 생명은 심장을 떠나서 의식을 흐리게 했지만, 어딘가 비밀스러운, 아마도 내 육신 마지막으로 남은 은신처에 숨어서 그곳에서 조심스럽고 천천히 온기와 존재라는 익숙한 행복감으로 번져나가고 있었다.

흙더미 속에 파묻혀서 조금 따스해지자 나는 상황을 인식하기 시작했다. 군인은 빨리 회복된다. 군인은 생명을 아까워해서, 아주 조그만 가능성만 있어도 다시 살아날 수 있었다. 말하자면 그는 자신이 무기를 들었던 지상에 남겨진 가장 고귀하고 숭고한 것들을 위해서뿐만 아니라, 심지어 전투 직전에 먹어서 제대로 소화하지 못해 아직 위장에 남은 그 음식조차도 아까워해서, 그것을 위해서도 살아날 수 있었다.

몸이 좀 따스해지자 밖으로 나가보려 했지만, 엉망이 된 몸이 말을 듣지 않아서 나는 기진맥진한 상태로 어둠 속에 누워 있었다. 폭발할 때 놀란 내장이 제자리를 찾지 못한 것 같았고, 그것들이 몸속에서 다시 자리를 찾기 위해선 안정이 필요할 것 같았다. 아주 작은 움직임조차도 아프게 느껴졌다. 심지어 숨을 쉬기 위해서도 고통을 참고 아픔을 견뎌내야만 했다. 미세하게 부서진 날카로운 뼈들이 매번 내 심장의 살을 파고들었다.

그래도 숨 쉴 공기는 흙먼지 틈으로 편하게 내게 닿았다. 그렇지만 살아 있는 병사가 오랫동안 땅속에 묻혀서 생존하기란 힘들었기에, 나는 빛이 보이는 쪽으로 기어나가려고 계속 애썼다. 내게 총은 없었는데, 포탄으로 충격을 받았을 때 손에서 놓쳤음이 분명했다. 즉, 지금 나는 완전히 무방비 상태의 쓸모없는 전사다. 내가 파묻힌 흙더미로부터 그리 멀지 않은 곳에서 대포 소리가 포효했다. 나는 소리만으로도 아군과 적군의 대포 소리를 식별할 수 있었는데, 이제 내 미래의 운명은 내가 힘없이 누워 있는 이 파괴된, 무덤이 된 땅을 누가 차지하는지에 달려 있었다. 만약 이 땅이 독일군에 의해 점령된다면 나는 여기서 나갈 수 없을 것이며 밝은 세상과 사랑하는 러시아 들판을 영영 볼 수 없을 것이다.

주변이 익숙해진 후 나는 풀뿌리를 손으로 움켜쥐고 메마르고 부서져 내리는 땅속에서 한 걸음 반 정도를 기어갔지만, 힘이 없는 나머지 흙더미 속에 다시 누웠다. 잠시 누워 쉰 후 나는 조금이라도 빛 쪽으로 더 기어나가기 위해서 몸을 일으켰다. 힘을 모으면서 나는 크게 한숨을 내쉬었는데, 바로 이 순간 가까이서 다른 사람의 한숨 소리가 들렸다.

영혼이 없는 적 35

나는 흙더미와 먼지 속으로 손을 내밀어서, 아마도 나처럼 그 역시도 무기력하게 이 흙 속에 파묻힌 알 수 없는 사람의 단추와 가슴팍을 더듬었다. 그는 내게서 반 미터 정도 떨어진 곳에서 나와 거의 나란히 누워 있었는데, 그자의 얼굴은 내 쪽을 향하고 있었다. 내게 닿는 따스하고 가벼운 그의 숨결로 나는 이를 확신했다. 나는 그 낯선 병사에게 그가 누구이며 어떤 부대 소속인지를 물었다. 낯선 사람은 침묵했다. 내가 독일어로 질문을 반복하자, 그 낯선 사람은 자기 이름이 루돌프 오스카 발츠이며, 보병 대대의 기관총 사수 3중대의 하사라고 독일어로 대답했다. 이후 그는 나에게 내가 누구이며 왜 여기에 있는지 질문을 던졌다. 나는 그에게 내가 러시아의 평범한 저격수이며 의식을 잃을 때까지 독일군을 공격했다고 말했다. 루돌프 오스카 발츠는 입을 다물었다. 뭔가 생각을 한 모양으로, 이후 날카롭게 움직이더니, 손으로 자기 주변을 더듬다가, 다시 진정했다.

"당신, 총을 찾고 있소?" 나는 독일인에게 물었다.

"그렇다, 총은 어디 있나?" 발츠가 대답했다.

"모르겠어. 여긴 어두워서." 내가 말했다. 우리는 함께 흙더미에 파묻혀 있었다. 밖에서 들리던 대포 소리는 점차 잦아들고 마침내 완전히 그쳤지만, 소총과 권총, 기관총 소리는 더 심해졌다.

우리는 전투에 귀를 기울였다. 우리 둘 다 러시아와 독일

중 누가 우선권을 잡는지, 그리하여 우리 중 누가 구원받고 누가 파멸할지에 촉각을 곤두세웠다.

그러나 총격으로 판단하건대, 전투는 교착 상태에 빠져서 어느 쪽이 우세한지 결론이 나지 않은 채 점점 맹렬해지고 격렬해지기만 했다. 우리는 아마도 전투가 벌어지는 장소의 중간쯤에 있었던 듯하다. 양측의 총소리가 거의 같은 힘으로 우리에게 들렸는데, 독일 기관총의 폭발하는 분노가 러시아 기관총의 정확하고 긴장된 맞대응으로 잦아들었기 때문이다. 독일군 발츠가 다시 흙더미 속에서 몸을 뒤척였다. 그는 잃어버린 기관총을 찾기 위해 손으로 주위를 더듬었다.

"지금 무기가 왜 필요한가?" 나는 그에게 물었다.

"너와의 전쟁을 위해. 네놈 총은 어디 있나?" 발츠가 말했다.

"폭탄이 터질 때 놓쳤어. 그럼 맨손으로 싸우자." 내가 말했다. 우리는 서로에게 접근해서 나는 그자의 어깨를, 그는 내 목을 잡았다.

우리는 서로 상대를 죽이거나 다치게 하고 싶었지만, 흙먼지를 들이마시고 흙더미에 억눌린 채 싸우다 보니 숨 쉴 공기가 부족해져서 금세 지쳐 허덕거렸다. 숨을 헐떡이며 독일인이 나에게서 떨어져 나갔는지 확인하기 위해 손을 만졌고, 그도 더듬어서 나를 확인했다. 러시아군과 파시스트 간의 전투가 우리 근처에서 계속되었지만, 루돌프 발츠와 나는 그 전투는 이제 신경도 쓰지 않았다.

우리는 상대방이 죽이기도 힘든 저 먼 곳으로, 저 어두운 땅으로 몰래 기어나가 도망가버릴까 봐 두려워하면서 상대의 숨소리에 귀를 기울였다.

나는 가능한 한 빨리 휴식하고, 숨도 몰아쉬고 폭발로 인해 망가진 내 육체의 허약함을 회복하기 위해 노력했다. 그런 다음 내 옆에서 숨 쉬고 있는 저 파시스트를 붙잡아서 내 손으로 그자의 생명을 끊어버리고 싶었다. 어딘가 먼 곳에서 태어나서 나를 파괴하려고 여기로 온 그 이상한 존재를 영원히 극복하고 싶었다. 바깥의 총소리와 우리를 둘러싼 대지의 바스락거리는 속삭임 때문에 루돌프 발츠의 숨소리가 잘 들리지 않았기에, 그자는 내가 알아채지 못하게 도망갈 수도 있었다. 나는 공기 중에 떠도는 냄새를 통해 발츠에게선 러시아 군인과 다른 냄새가 난다는 것을 알았다. 그의 옷에서는 깨끗한, 그렇지만 죽어버린 화학 소독약품 냄새가 났다. 러시아 군인의 외투에선 보통 흑빵 냄새나 편안한 양가죽 냄새가 났다. 그런데 발츠의 독일 냄새도 여기서는 그자가 어디 있는지를 감지하는 데 계속 도움이 될 수는 없었다. 왜냐하면, 이렇게 흙더미 속에 누워 있을 때는 그 흙 속에서 태어나고 보존된 더 많은 냄새, 즉 호밀 뿌리, 불탄 마른 풀, 그리고 새로운 풀잎을 잉태한 마른 씨앗들 같은 것들의 냄새가 같이 나기 때문이었다. 바로 그래서 독일 군인의 죽은 화학약품 냄새는 살아 있는 대지의 짙은 숨결에 전체적으로 녹아들었다.

그래서 나는 그의 목소리를 듣고 위치를 확인하기 위해 독일 군인과 대화를 시작했다.

"도대체 네놈은 여기에 왜 온 거야? 왜 우리 땅에 누워 있어?" 루돌프 발츠에게 나는 이렇게 물었다.

"이제 우리 땅이야. 우리 독일인은 여기에 게르만 민족을 위해 영원한 행복과 만족, 질서, 그리고 음식과 따뜻함을 조직하고 있다." 발츠는 뚜렷하고 빨리 이렇게 대답했다.

"그러면 우리는 어디에 살지?" 나는 이렇게 물었다. 발츠는 곧바로 이렇게 답했다.

"러시아 민족은 죽임을 당할 거야." 그는 확신에 차서 이렇게 말했다.

"만약 누군가가 살아남으면, 우리는 그자를 시베리아로, 눈과 얼음 속으로 쫓아버릴 테다. 만약 순종적이고 히틀러가 하느님의 아들임을 인정하는 자가 있다면, 그는 평생 우리를 위해서 노동하고 죽을 때까지 독일 군인의 무덤에서 용서를 빌도록 만들 것이다. 죽은 후에는 그자의 시체를 산업용으로 실험하고, 그때는 그자가 이 세상에 더 이상 없을 테니 용서하도록 하지."

그들 딴에 파시스트들은 용감한 척했지만, 전투에서는 닭살이 돋을 정도로 겁에 질렸고, 죽어가면서는 입을 물웅덩이

쪽으로 향하고 기어가면서 공포로 말라버린 마음을 달랜다는 것을 나는 대충 알고 있었다. 이런 광경을 나는 여러 차례 본 적이 있었다.

"전쟁 전에는 독일에서 무엇을 했나?" 나는 발츠에게 더 물었다. 그는 곧바로 대답했다.

"나는 '알프레드 크로이츠만과 아들 Alfred Kreutzman and Son'이라는 벽돌 공장의 사무원이었지. 하지만 이제는 전 세계의 운명과 인류의 구원이라는 임무를 부여받은 총통의 전사다."

"그렇다면 인류의 구원은 대체 어디에 있는가?" 적에게 나는 이렇게 물었다.

잠시 침묵한 후 그는 이렇게 대답했다.

"그것은 오직 총통만이 알고 계시다."

"그럼 너는?" 나는 누워 있는 인간에게 다시 물었다.

"나는 아무것도 모르며 알 필요도 없다, 나는 천년의 새로운 세계를 창조하려는 총통의 손에 들린 칼에 불과하니까."

마치 녹음기라도 틀어놓은 듯 그는 매끄럽고 실수 없이 말을 했지만, 그의 목소리는 무심했다. 그리고 그는 스스로 사유하려는 노력으로부터, 의식으로부터 해방되었기에 편안했다.

나는 그에게 다시 물었다.

"그렇게 되면 좋을 거라고 너 스스로는 확신하고 있어? 만약 너를 속인 거라면 어쩔 거야?"

그러자 독일인은 이렇게 대답했다.

"내 모든 믿음, 내 모든 삶은 히틀러에게 속한다."

"만약 네 모든 것을 너의 히틀러에게 줘버리고 아무것도 생각지 않고, 아무것도 모르고, 아무것도 느끼지 못한다면, 너는 살든 죽든 아무 상관이 없겠구나."

나는 루돌프 발츠에게 이렇게 말하고 다시 한번 싸워서 그를 무찌르려고 그자의 손을 잡아챘다.

우리 위로, 우리가 누워 있는 부슬부슬한 대지 위로 대포 포격이 시작되었다. 파시스트와 나는 서로를 껴안고 우리를 짓누르던 비좁은 진흙땅에서 뒤치락거렸다. 발츠를 죽이고 싶었지만, 주먹을 휘두를 공간이 없었고, 너무 애를 쓰다가 힘이 빠진 나는 적을 놓치고 말았다. 그는 내게 무언가를 중얼거리며 내 배를 주먹으로 쳤지만 난 아프지 않았다.

엎치락뒤치락 몸부림을 치며 싸우는 동안, 우리는 주변의 축축한 땅을 점차로 넓혀나갔고, 덕분에 은신처와 무덤을 닮은 작고 편안한 동굴 형태의 공간이 우리 주변에 만들어졌다. 나는 적과 나란히 그곳에 누워 있었다. 외부의 대포 사격이 다시 바뀌었다. 이제 기관총과 따발총으로만 사격하고 있었다. 산지에서 활동하는 소련 군인들이 말했듯이 전투는 결판이 나지 않고 지리멸렬했다.

지금 땅속에서 나와서 아군 쪽으로 기어가는 것은 불가능했다. 괜히 다치거나 죽임을 당할 것이다. 그러나 전투가 펼

처지는 와중에 쓸모없이 여기에 누워만 있는 것은 부끄럽고도 부적절했다. 그렇지만 내 팔 바로 아래에 독일인이 있었기에, 나는 그자의 옷깃을 잡아채 가까이 당겨 그에게 말했다.

"어떻게 감히 우리와 싸울 수 있나? 네놈들은 도대체 누구이며, 왜 이런 자들인가?"

내가 약했던 탓에 독일인은 나의 힘을 두려워하지 않았지만, 내가 진지하다는 사실을 알아채고 몸을 떨기 시작했다. 나는 그자를 놓지 않고 강제로 더 가까이 당겼다. 그는 나에게 몸을 기울이며 조용히 말했다.

"모른다……."

"뭐라도 말해봐! 이 세상에 살면서 우리를 죽이러 와놓고 어떻게 모를 수가 있어! 이봐, 사기꾼! 말해봐, 어쩌면 우리 둘 다 죽어서 여기 묻힐 수도 있어. 나는 알고 싶다고!"

우리 위에서 펼쳐지는 전투는 서두르지 않고 일정한 속도로 계속되었다. 양측은 서로에게 엄청난 타격을 입히면서 참을성 있게 발포했다.

"나는 모르겠다." 발츠가 반복했다. "무서워, 지금 밖으로 나갈 거야. 우리 편이 있는 데로 갈 거야. 안 그럼 나를 총살할 거다. 중위는 전투 중에 내가 숨었다고 말할 거야."

"네놈은 아무 데도 못 가! 너는 내 포로니까!"

나는 발츠에게 경고했다.

"독일군은 잠시 짧은 기간 포로로 잡혀 있겠지만, 전 세계 모든 민족은 영원히 우리의 포로가 될 것이다!"

발츠가 분명하고 빠르게 내게 말했다.

"적국의 국민이여, 포로가 된 독일군을 돌보고 존경하라!"

발츠는 흡사 수천 명의 사람에게 연설하는 것처럼 이렇게 말을 덧붙였다.

"말해. 도대체 네놈은 왜 인간을 닮지 않았고, 왜 러시아인이 아니냐?"

"나는 히틀러의 지도하에서 권력과 지배를 위해 태어났기에 러시아인이 아니다!"

발츠는 여전히 빠르게, 그리고 습득한 확신에 차서 중얼거렸다. 그러나 그의 고른 목소리에는 마치 미래의 승리와 전 세계를 지배하리란 믿음에 대해 그 스스로 기뻐하지 않는 것 같은 이상한 무관심이 있었다. 땅 밑 어둠 속에서 루돌프 발츠의 얼굴은 보이지 않았다. 그래서 나는 그가 존재하지 않을 수도 있다고, 그냥 존재하는 것처럼 여겨질 수도 있다는 생각이 들었다. 흡사 우리가 어린 시절에 우리 마음대로 대할 수 있고, 필요할 때만 존재하리라는 걸 이해하면서, 생명을 불어넣어서 놀았던 그 상상 속 가짜 인물 가운데 한 사람일 수 있다는 생각도 들었다. 그래서 나는 발츠의 존재를 확인하고 싶어서 그의 얼굴로 손을 뻗었다. 발츠의 얼굴은 따뜻했는데, 이것은 그 사람이 실제로 내 주변에 있다는 뜻이리라.

"이건 모두 히틀러가 네놈을 겁줘서 그렇게 가르친 거야. 그냥 너 자신은 대체 어떤 인간이야?" 나는 적에게 이렇게 말했다.

발츠가 몸을 움직여 흡사 대오에서 줄을 맞추기라도 하는 것처럼 다리를 뻗는 소리가 들렸다.

"난 스스로 움직이는 게 아니라 총통의 뜻에 따라 움직이지!" 루돌프 발츠는 내게 이렇게 말했다.

"네놈이 총통의 뜻이 아니라 네 뜻대로 살았다면 더 좋았을 텐데! 그랬더라면 너는 늙을 때까지 네 집에서 편히 잘 살았을 것이고, 러시아 땅에 와서 여기 무덤에 묻힐 일도 없었을 텐데!"

"절대로 안 돼! 불허, 금지, 법적 처벌 가능!" 독일인이 고함을 질렀다. 하지만 나는 동의하지 않았다.

"그래서, 결국 네놈이 뭐냐고. 네놈은 걸레야, 바람에 날리는 걸레 조각이지 인간이 아니라고!"

"인간이 아니지! 히틀러 총통이 인간이지 나는 아니야. 나는 총통이 시키는 대로 하는 사람이 되면 돼!" 발츠는 흔쾌히 동의했다.

갑자기 지상에서 전투가 멈췄고, 고요해지는 소리를 듣고 우리 둘도 침묵했다. 흡사 전투에 참여한 군인들이 서로 다른 방향으로 흩어져 가버려서 전쟁터를 영원히 비워 두기라도 한 것처럼 모든 것이 잦아들었다. 갑자기 겁이 나서 나는 정신을 바짝 차렸다. 이전에는 우리 측의 기관총과 소총이 발사되는 소리가 계속 들렸고, 아군의 사격 소리가 마치 나를 안심시키려는 친구나 가족들의 웅성대는 목소리처럼 여겨졌기에 나는 평온함을 느꼈다. 그런데 이제 그 목소리가 갑자기 잦아든 것이다.

아군에게로 가야 할 때가 되었지만, 무엇보다 내 손으로 포획한 적을 먼저 처리해야 했다.

"어서 말해! 여기서 네놈과 있을 시간이 없어!" 나는 루돌프 발츠에게 말했다.

내가 그를 죽여야만 한다는 사실을 알아차리자 그자는 내 가슴 쪽으로 얼굴을 들이밀면서 나를 덮쳤다. 그리고 조용히, 그러나 순식간에 그는 차갑고 여윈 손으로 내 목을 잡고 숨통을 죄어왔다. 나는 이런 방식의 싸움에 익숙하지 않았고, 혐오했다. 그래서 나는 독일인의 턱을 갈겼는데, 그러자 그는 내게서 떨어져 나가 입을 다물었다.

"왜 그렇게 뻔뻔하게 행동하는 거야! 네놈은 지금 전쟁터에 있어, 군인다워야 하는데, 불량배 노릇만 하고 있군. 네놈은 지금 포로라고 내가 말했잖아, 그러니 도망 못 가, 움직이지 말라고!" 나는 그자에게 이렇게 선언했다.

"나는 중위가 무서워. 날 보내줘, 어서. 나는 전투에 나가야 해, 안 그러면 중위가 내 말을 안 믿을 거야. 중위는 내가 어딘가에 숨어 있었다고 말하겠지. 그리고 날 죽이라고 명령할 거야. 나를 놔줘 제발, 나는 가족이 있어. 나는 러시아 군인 한 명은 죽여야만 해."

적은 이렇게 웅얼거렸다.

나는 적의 옷깃을 잡고 그자를 내 가까이 다시 끌어당겼다.

"만약 네놈이 러시아 군인을 죽이지 못한다면?"

"죽일 거야. 내가 살기 위해선 죽여야만 한다. 내가 못 죽이면 나를 죽이거나 감옥에 가둘 거야. 그곳에서 굶주림과 슬픔으로 죽거나, 아니면 고된 징역으로 힘들고 노쇠해서 죽게 될 거야."

"그래서 네 눈앞에 닥친 죽음을 겁내지 않게 하려고, 세 번의 죽음으로 뒤에서 겁주는구나." 나는 루돌프 발츠에게 이렇게 말했다.

"뒤에는 세 번의 죽음이, 네 번째 죽음은 앞에 있다!" 독일인이 계산했다.

"내가 네 번째 죽음이 되기를 원치 않아. 내가 죽일 거고, 나는 살 거야!" 발츠가 고함쳤다.

자신과 마찬가지로 나도 지금 무기가 없는 상태라는 걸 알면서도 그는 나를 두려워했다.

"어디, 어디에서 네놈이 살 수 있단 말인가? 네 번째 죽음을 네가 두려워하지 않도록, 세 번의 죽음이라는 공포로 히틀러가 네놈을 몰아가는데 말이야. 너희들의 세 번의 죽음과 우리의 한 번의 죽음 사이에서 네가 더 오래 살아남을 수 있을 것 같나?" 나는 적에게 이렇게 물었다.

발츠는 침묵했다. 아마도 그는 생각에 잠긴 것 같았다. 하지만 나는 틀렸다. 그는 생각하지 않았다.

"더 오래 살아남을 거야. 총통은 모든 걸 알고 있어. 우리가 먼저 러시아 국민을 죽이면 우리에게 네 번째 죽음은 없을 거라고 총통은 예견했어." 그가 이렇게 말했다.

"만약 너 혼자에게만 그 죽음이 닥친다면? 그럼 넌 어떻게 할 거야?" 나는 멍청한 적을 궁지로 몰아넣었다.

"하일 히틀러!* 그는 내 가족을 버리지 않을 거야. 그는 적이도 각지 백 그램씩 빵을 내 아내와 아이들에게 줄 거라고." 발츠가 소리쳤다.

"그럼 인당 백 그램씩의 빵을 위해 죽는 데는 동의하는 거야?"

"백 그램이면 입 다물고 아껴가며 살면 살아갈 수도 있지." 누워 있는 독일인은 이렇게 말했다.

"네놈은 바보, 천치, 멍청이다. 히틀러를 위해 네놈의 아이들을 굶주림으로 몰아넣는 데 동의하다니." 나는 적에게 알려줬다.

---

* 하일 히틀러(Heil Hitler)는 나치 당원들이 히틀러에게 충성을 맹세하던 구호로, '히틀러 만세'라는 뜻이다.

영혼이 없는 적 47

"나는 거기에 완전히 동의해. 그러면 내 아이들은 영원한 행복과 조국의 영광을 얻을지니." 기꺼이 그리고 분명히 발츠는 이렇게 대답했다.

"네놈은 정말 멍청하구나. 세계가 하사 한 명을 중심으로 돌아갈 것 같아?" 나는 독일인에게 이렇게 말했다.

"그렇다. 세계는 두려워할 것이기 때문에 그렇게 돌아갈 거야."

"네놈을 두려워해?" 나는 적에게 물었다.

"그렇지, 나를." 발츠가 자신 있게 대답했다.

"세상은 너를 두려워하지 않을 거야. 네놈은 대체 왜 이렇게 추악한 거냐?"

"사람은 태어날 때부터 죄인이며 악당이라고 히틀러 총통이 이론적으로 설명했다. 총통이 실수할 리가 없으니, 당연히 나도 악당이겠지."

독일인은 갑자기 나를 껴안더니, 나더러 죽어달라고 부탁했다.

"어차피 너도 전쟁터에서 죽게 될 거야. 우리는 승리할 거고, 너는 어차피 살아남지 못할 거야. 세 아이와 눈먼 어머니가 조국에서 나를 기다리고 있어. 그들을 먹여 살리기 위해 나는 전쟁터에서 용감하게 싸워야 해. 너를 죽여야만 해. 그러면 중위가 나에 대해 좋은 평가 보고서를 써줄 거야. 제발 죽어줘. 너는 어차피 살 필요가 없잖아. 이봐, 내겐 주머니칼

이 있어. 고등학교 졸업할 때 선물로 받았지. 나는 그걸 간직해왔어……. 제발 빨리 죽어줘. 나는 러시아에 와서 향수병에 걸렸어. 나는 성스러운 내 조국으로, 가족에게로, 집으로 돌아가고 싶어. 하지만 너는 결코 돌아가지 못할 거야……."

발츠가 내게 이렇게 말했다.

나는 침묵한 후 이렇게 대답했다.

"나는 너를 위해 죽지는 않을 거다."

"아니 그렇게 될 거야! '러시아인에게 죽음을!' 총통 각하가 이렇게 말씀하셨지. 그런데 어떻게 네가 안 죽을 수 있단 말이야?" 발츠가 말을 이었다.

"우리에게 죽음은 없어!" 나는 적에게 이렇게 말했고, 마음에서 되살린 증오로 무의식적으로 루돌프 발츠의 몸을 낚아채서 그를 짓눌렀다. 엎치락뒤치락하면서 우리는 부슬부슬한 진흙 구덩이 속에서 벗어나 바깥으로, 별빛 아래로 나왔다. 나는 이 빛을 보았지만, 발츠는 이미 깜박이지 않는 눈으로 별을 멍하니 응시했다. 그는 죽어 있었는데, 어떻게 그를 죽였는지, 루돌프 발츠의 몸이 언제 무생물이 되었는지는 기억나지 않았다. 우리 둘은 마치 높은 산에서 무시무시한 공간을 날아서 끝없는 절벽으로 떨어진 것처럼 말없이 의식도 없이 누워 있었다.

한밤중의 작은 모기가 죽은 자의 이마에 앉더니 조금씩 인간을 빨아 먹기 시작했다. 모기가 살아 있던, 죽었던 루돌프 발츠보다는 최소한 더 많은 영혼과 지혜를 가지고 있기에 이 광경은 내게 만족을 주었다.

아무리 하찮은 존재일지라도 모기는 자신의 노력과 사유로 살아간다. 모기에게는 히틀러가 없으며, 모기는 히틀러가 존재하도록 허락하지도 않는다. 나는 모기도, 벌레도, 그리고 어떤 풀잎 하나조차도 조금 전까지 존재하면서 살아 있던 루돌프 발츠보다 더 고양되고 유용하며 선한 존재라는 것을 이해했다. 그러므로 이 존재가 파시스트를 씹고, 빨아먹고, 깨부수도록 하라. 그들은 자신의 짧은 삶으로 세계에 영혼을 부여하는 일을 하고 있으니.

그러나 나는 러시아 소비에트의 군인으로서 세계에서 죽음의 움직임을 멈추게 한 최초이자 결정적 힘이었다. 영혼이 없는 적을 위해 나 스스로 죽음이 되어 적을 시체가 되게 하였으니, 이는 살아 있는 자연의 힘이 그의 육신을 가루로 만들고 그 존재의 부패한 고름을 땅에 스며들게 하며, 그곳에서 스스로 정화되어 풀뿌리를 자라게 하는 평범한 수분이 되도록 하기 위함이다.

1943

작은 병사

Маленький солдат

이 작품은 1943년 『붉은 별Красная звезда』에 처음으로 발표됐다. 플라토노프의 중요한 주제 중 하나는 어린 시절, 특히 잃어버린 유년기에 대한 것이다. 작가 자신이 대가족의 맏이로 제대로 교육조차 받지 못한 채 어린 나이에 생활 전선에 뛰어들었던 경험과 연관이 있을 것이다. 그의 초기 작품에서부터 조숙하고 영악한, 그러면서도 유년의 아픔을 간직한 주인공들을 자주 찾아볼 수 있다. '전쟁 산문'에서 작가는 특히 전쟁터에 나간 아버지와 그의 죽음, 아버지의 부재로 이른 시기에 어른이 되어야 하는 아이들의 형상에 주목했다. 더불어 순진한 아이들이 던지는 전쟁의 본질에 대한 무심한 질문도 흥미롭다. 「작은 병사Маленький солдат」는 전쟁터에서 자라서 고아가 되고 전쟁이 삶이 된 소년 세료자의 이야기를 다룬다. 이른 나이에 어른이 되었을 뿐만 아니라, 전쟁으로 스며들어 스스로 증오를 키우고 사람을 죽일 수도 있게 된 소년의 이야기는 일견 섬뜩하면서도, 가슴 아픈 전쟁의 얼굴을 보여주고 있다.

최전방 부근 그나마 폭격당하지 않은 온전한 기차역 안, 맨바닥에서 잠들어 있는 소련 병사들이 달콤하게 코를 골고 있었다. 그들의 지친 얼굴에는 휴식의 행복이 새겨져 있었다.

2번 레인에서 뜨거운 증기 기관차의 보일러가 마치 오래전 버려진 집에서 단조롭고 위로하는 목소리가 노래하는 듯 나지막이 쉬쉬 소리를 냈다. 등유 램프가 켜져 있는 역사의 한 모퉁이에서는 사람들이 이따금 설득하듯 서로에게 가끔 속삭였는데, 나중에는 그들 역시도 말이 없어졌다.

외모가 아니라, 주름지고 검게 그은 얼굴의 공통적인 선량함이 서로 닮은 두 명의 소령이 그곳에 서 있었다. 그들은 한 소년의 손을 양쪽에서 잡고 있었는데, 아이는 지휘관들을 애타게 바라보았다. 아이는 한 소령의 손을 놓지 않고 그에게 매달려 애원했고, 다른 소령의 손에서는 벗어나려고 조심스레 애쓰고 있었다. 아이는 열 살쯤 되어 보였는데, 흡사 경험 많은 병사처럼 옷을 입고 있었다. 낡고 몸에 잘 맞는 회색 군용 외투를 입고, 군모를 쓰고, 자기 발 크기에 맞춘 군용 장화를 신고 있었다. 여위고 풍파를 겪었으나 약해지지 않은, 이미 고단한 삶에 적응한 아이의 작은 얼굴은 한 소령 쪽을 향해 있었다. 아이의 밝은 눈은 마치 아이 심장의 살아 있는 거울처럼 그의 슬픔을 분명하게 보여줬다. 그는 자신을 소령에게 데려다준 아버지 또래의 나이 많은 친구와 헤어지는 걸 슬퍼했다.

두 번째 소령은 아이의 손을 잡아당겨 쓰다듬으며 위로했지만, 소년은 그에겐 무관심했다. 첫 번째 소령 역시 안타까워하며 아이에게 곧 데려가겠노라고, 다시는 헤어지지 않는 삶을 위해 그들은 곧 만날 것이며, 지금 잠시 헤어질 따름이라고 속삭였다. 소년은 그를 믿었지만, 가혹한 진실은 소년의 마음을 위로할 수 없었다. 그의 마음은 한 사람에게만 향했으며, 먼 곳에서가 아니라 가까이서, 항상 그와 함께 있고 싶은 것이었다. 아이는 멀다는 것이 무엇인지, 그리고 전쟁의 시간이 무엇인지를 이미 알고 있었다. 전쟁터에서는 사람들이 서로에게 돌아오기 어려웠기에 그는 이별을 원치 않았다. 그의 심장은 홀로일 수 없었고, 홀로 남겨져서 죽는 것을 두려워했다. 그래서 그는 자신을 낯선 사람과 남겨 두려는 소령을 마지막 부탁과 희망을 담아서 쳐다보았다.

"자, 세료자,* 그럼 이만 안녕." 아이가 사랑하는 소령이 이렇게 말했다.

"넌 특별히 싸우려고 들지 말아, 우선 더 크고 나서 그 후에 싸우면 돼. 몸 성히 살아서 내가 너를 찾아낼 수 있도록, 독일군에게 덤비지 말고 몸조심해야지. 아니, 왜, 왜 또 이래, 자 꾹 참아야지, 군인은!"

세료자는 울기 시작했다. 소령은 그를 품에 안아 올려 얼굴에 여러 번 키스했다. 그리고 그 소령은 아이를 데리고 출구로 갔다. 두 번째 소령 역시 남겨진 물건을 잘 지키라고 내게 명령한 후 그들 뒤를 따라갔다.

아이는 다른 소령의 품으로 돌아왔다. 그 역시 부드러운 말로 아이를 달래고, 할 수 있는 한 아이의 관심을 끌려고 노력했지만, 소년은 이 사령관을 낯설고 어색한 시선으로 쳐다보았다. 떠나간 사람을 대신한 다른 소령은 침묵하는 아이에게 오랫동안 이야기했지만, 하나의 감정과 한 사람에게만 충실한 그 아이는 여전히 서먹하게 있었다.

역에서 멀지 않은 곳에서 대공포가 발사되기 시작했다. 소년은 울려 퍼지는 죽은 소리에 유심히 귀를 기울였는데, 그의 시선에는 흥분된 관심이 나타났다.

"적의 정찰기가 오는 것 같군요!" 아이는 혼잣말을 하는

---

* 세료자는 주인공인 소년 세르게이의 애칭으로, 이름과 성은 세르게이 라브코프이다.

것처럼 조용히 말했다. "고도를 높이고 있어서 대공포로는 대응이 어렵겠어. 전투기를 파견해야 해요."

"보낼 거야. 저놈들이 아군을 정찰하고 있네." 소령이 말했다.

우리가 탈 기차는 내일에야 올 예정이라서 우리 셋은 하룻밤 묵을 숙소로 갔다. 그곳에서 소령은 자기의 무거운 군용 배낭에서 음식을 꺼내 아이에게 먹였다. 소령은 이렇게 말했다.

"전쟁하는 동안 무거운 배낭이 얼마나 신물이 났는지, 그래도 또 이 배낭이 얼마나 고마운지 모르겠어!"

소년은 식사 후 잠들었고 바히체프 소령은 아이의 운명에 관해 내게 이야기를 해주었다.

세르게이 라브코프는 군의관이었던 한 대령의 아들이었다. 소년의 아버지와 어머니는 같은 부대에서 복무했기에 그들은 외아들과 함께하기 위해 아이를 데리고 다녔다. 세료자는 이제 열 살이었다. 그는 전쟁을 마음으로 받아들였고, 자기 아버지의 사명이 무엇인지, 그리고 이 전쟁이 무엇을 위한 것인지를 이미 진짜로 이해하기 시작했다. 그러던 어느 날 세료자는 아버지가 방공호에서 한 장교와 이야기를 나누며, 독일군이 퇴각할 때 반드시 아군 연대의 탄약 창고를 폭파할 것이라고 걱정하는 것을 들었다. '그놈들이 벌써 폭약 전선을 우리 탄약 창고까지 연결해 둔 것 같아. 얼른 후퇴해야 할 것 같아.' 대령이었던 세료자의 아버지가 이렇게 말했다. 세료자는 이 이야기를 주의 깊게 듣고 아버지가 무슨 걱정을 하는지 알아차렸다. 소년은 퇴각 이전까지 연대가 있던 곳의 위치를 알고 있었다. 그래서 이 작고 여위고 교활한 어린 소년은 밤에 아군 측 창고로 몰래 숨어 들어가서 폭발을 위해 연결된 전선을 찾아내서 잘라버렸다. 그러고도 그곳에 하루 더 남아서 전선이 손상된 걸 독일군이 알아차리고 고치지나 않는지, 혹시나 고친다면 다시 잘라버리려고 감시하면서 그곳을 지키고 있었다. 나중에 대령은 그곳에서 독일군을 몰아냈고, 탄약 창고도 온전히 그의 손으로 넘어오게 되었다.

곧 이 어린 소년은 적진의 후방 더 깊숙이 침투하기 시작했다. 그곳에서 그는 연대나 대대의 지휘소가 어디에 있는지 식별표지를 보고 알아냈고, 더 멀리 3개 부대를 돌아봤으며, 모든 것을 정확하게 기억했다. 기억한 걸 하나도 잊지 않고 집으로 돌아와서는 자기가 본 것이 무엇이며, 그것들이 어디에 어떻게 있는지 지도 위에 표시해서 아버지에게 알려주었다. 아버지는 곰곰이 생각한 후 연락장교에게 아들을 면밀하게 감시하라고 명령을 내렸고, 이후 아들이 이야기한 지점들에 폭격을 가했다. 모든 것이 적중했다. 아들이 그에게 정확한 위치정보를 준 것이었다. 세료자는 몸집이 작았기에 적들은 그를 풀숲에 다니는 작은 들짐승 정도로 생각해서, 그가 내는 바스락 소리에 신경도 쓰지 않았다. 하지만 세료자는 아마도 풀잎도 스치지 않고 숨소리조차 내지 않고 다녔을 것이다.

소년은 연락장교도 속였는데, 아니, 정확히 말하자면 그를 꼬드겨서 함께했다. 말하자면 한번은 세료자가 연락장교를 어딘가로 이끌어서 둘이서 함께 그곳에 있던 독일 군인을 사살했다. 사실 그들 중 누가 죽였는지는 확실하지 않지만, 독일 군인의 위치를 찾은 것은 분명 세르게이였다.

그렇게 소년은 아버지, 어머니, 군인들과 함께 부대에서 살았다. 그런 아들을 본 어머니는 그 불편한 상황을 더는 참지 못하고 아들을 후방으로 보내기로 마음먹었다. 그러나 세르게이는 이미 군대를 떠날 수 없었고 그의 기질은 전쟁에 끌렸다. 그리고 그는 방금 떠났던 아버지를 대신하는 그 사벨리예프 소령에게 자기는 후방으로 가지 않고 차라리 독일군 진영에 포로로 숨어 들어가서 필요한 모든 정보를 알아낼 것이고, 어머니가 자기를 보고 싶어 할 때가 되면 아버지의 부대로 돌아가겠다고 말했다. 전사의 기질을 가진 이 소년이라면 아마도 그렇게 할 수도 있었을 것이다.

그렇지만 금세 불행한 일이 생겨서 소년을 후방으로 보낼 틈이 없었다. 그의 아버지인 대령이 전투에서 중상을 입었고 (비록 그 전투는 그다지 치열하지 않았다고들 했지만), 이틀 후 야전 병원에서 사망했다. 그 사건 이후 어머니도 몸이 쇠

약해져서 아프기 시작했다. 그녀는 이미 이전에 두 개의 포탄 파편으로 상처를 입었는데, 그중 하나는 관통상이었다. 남편이 죽고 한 달 후 그녀 역시 사망했다. 아마도 그녀는 남편을 그리워했을 것이다……. 그렇게 세르게이는 고아로 남게 된 것이다.

그 후 사벨리예프 소령이 연대의 지휘관이 되었고, 그는 소년을 데리고 다니면서 아버지와 어머니, 그리고 가족을 대신하는 그 모든 사람이 되었다. 소년 또한 온 마음을 다해 볼로쟈*에게 답했다.

"사실 나는 그 부대 말고 다른 부대에서 왔어요. 하지만 오래전부터 볼로쟈 사벨리예프를 알고 있었죠. 그리고 이번에 여기 전방 본부에서 그를 만난 거죠. 볼로쟈는 재교육 훈련 과정을 위해 파견되었고, 나는 다른 업무로 거기에 있다가 이제 제 부대로 돌아가는 중입니다. 볼로쟈 사벨리예프는 자기가 돌아올 때까지 소년을 돌봐달라고 내게 말했어요……. 그런데 볼로쟈가 대체 언제 돌아올지, 그를 어디로 보낼지 누가 알겠어요! 그건 나중에야 결정될 것인데……."

바히체프 소령은 졸다가 잠들었다. 세료자 라브코프는 자면서 인생을 다 산 어른처럼 코를 골았고, 이제 슬픔과 기억에서 멀어진 그의 얼굴은 전쟁이 가져가버린 성스러운 어린

---

* 볼로쟈는 소년의 아버지를 대신하는 소령 블라디미르의 애칭으로, 이름과 성은 블라디미르 사벨리예프이다.

작은 병사

시절의 모습을 보여주면서 평온하고 천진난만하게 행복해졌다.

나 역시 헛되이 시간이 흘러가지 않도록 불필요한 시간을 쪼개서 잠이 들었다.

우리는 6월 길어진 낮의 끝자락, 해 질 무렵이 되어서야 잠에서 깨어났다. 세 개의 침대에 나와 바히체프 소령 둘만 남았고 세료자 라브코프는 없었다.

처음에 소령은 걱정했지만, 나중에는 소년이 잠깐 어딘가로 갔으리라고 생각했다. 이후 우리는 함께 역에 가서 군사령부를 방문했지만 아무도 많은 사람이 오가는 전쟁터의 후방에 있는 작은 병사를 찾아내진 못했다.

다음 날 아침에도 세료자 라브코프는 우리에게 돌아오지 않았는데, 아마 하느님만이 그가 어디로 갔는지 알고 있을 것이다. 자기를 떠나버린 사람에게로 향하는 아이의 심장에서 나오는 감정에 지칠 대로 지친 소년은, 아마도 그 사람의 흔적을 따라 아버지와 어머니의 무덤이 있는 자기 아버지의 연대로 돌아갔을 수도 있다.

1943

죽은 자들의 요청

Взыскание погибших

이 단편은 1943년 『붉은 별Красная звезда』에 실렸으며, 원제는 「어머니Мать」로, 부제가 '죽은 자들의 요청Взыскание погибших'이었다. 현재 우리가 읽는 내용과 다소 달랐던 신문판본에서는 키이우Київ(우크라이나의 수도로, 러시아어로 키예프Киев라고 불린다)를 탈환하기 위한 전투를 배경으로 이야기가 진행된다. 키이우는 '러시아 도시의 어머니'라고 불리며, 러시아인들의 정신적 고향이자 성지였다. 1943년 1월 아들의 죽음 이후, 플라토노프는 아들에 관한 작품을 쓰겠다고 아내에게 말했다. 이 작품이 바로 그것인데, 비록 아들의 죽음에 관한 직접적인 내용은 아니라도 '죽은 자'들에 대한 연민과 그들의 몫까지 살아내야 한다는 산 자의 의무가 잘 드러나 있다. 이 작품은 특히 동명의 유명한 이콘(성화聖畵)과도 상징적 연관을 지닌다. 러시아에서 '죽은 자들의 요청'이라고 불리는 성모의 이콘은 이미 죽음(또는 죄)의 문턱을 넘은 인간의 정신적 육체적 부활과 구원을 의미한다. 전쟁에서 자식을 잃은 어머니가 작품의 주인공이며, 그 이름이 마리야인 것도 이런 맥락에서 읽을 수 있다.

> "저 깊은 심연에서 부르짖나이다."
> —죽은 자들의 기도*

 어머니는 자기 집으로 돌아갔다. 그녀는 독일군의 침공을 피해 피란을 갔지만, 고향 말고는 어디에서도 살 수 없었기에 집으로 돌아왔다.

 그녀는 독일군 요새 바로 옆을 두 번이나 통과해서 지나왔는데, 그 이유는 이곳 양측의 방어선이 직선으로 나지 않았음에도, 그녀가 우회하지 않고 무작정 똑바로 직진하여 제일 빠른 경로로 걸어갔기 때문이었다. 그녀는 두려움이 없었고 아무도 겁내지 않았는데, 적들도 그녀를 해치지 않았다.

---

* 이 제사는 성서 시편 129편(가톨릭, 개신교의 성서로는 130편)의 변용으로, 유명한 동명의 성모 이콘을 뜻하는데, 이 작품이 죽은 자들의 부활을 염원하는 작가의 간절한 마음과 연관되어 있음을 보여준다.

그녀는 슬픔에 차서 맨머리에 멍한 상태로, 정확히는 눈먼 것 같은 얼굴로 들판을 걸어갔다. 지금 세상이 어떻게 돌아가고 무슨 일이 일어나고 있는지 그녀에겐 아무 상관이 없었다. 그리고 이 세상의 그 무엇도 그녀를 걱정시키거나 기쁘게 할 수 없었다. 그녀의 고통은 영원했고 슬픔은 사라질 수 없었는데, 어머니는 자기 아이들 전부를 잃었기 때문이었다. 그녀는 지금 너무 연약하고 온 세상에 무관심한 채 바람에 실려 가는 마른 풀잎처럼 길을 걸었는데, 마주치는 모든 것도 그녀에게 무심했다. 그녀에게는 아무도 필요하지 않았으며, 그만큼 자신 역시 그 누구에게도 필요치 않다고 느꼈기 때문에 그녀는 더욱 힘들었다.

이 정도로 인간은 죽어버리기에 충분했지만, 그녀는 죽지 않았다. 그녀는 삶을 살았던 자기의 집을, 그리고 자기 아이들이 전투에서, 또는 처형당해서 삶을 끝낸 곳을 자기 눈으로 봐야만 했다.

가는 길에 그녀는 독일군과 마주쳤지만, 그들은 이 노파를 건드리지 않았다. 이 정도로 깊은 슬픔에 잠긴 노파를 보는 게 이상했고, 그녀의 얼굴에 남아 있는 인간의 모습에 소름이 끼쳤기에, 그들은 그녀가 저절로 죽도록 내버려 둔 채 큰 관심을 기울이지 않았다. 삶을 살면서 사람의 얼굴에는 맹수나 적들조차 두렵게 하는 희미하고 낯선 빛이 때때로 나타나는데, 그 누구도 그런 사람들을 해칠 수 없고, 그들에겐 접

근조차 할 수 없다. 맹수나 인간은 자신과 닮은 자들과는 기꺼이 싸우지만, 닮지 않은 존재로부터는 놀라게 될까 봐, 그리고 알려지지 않은 힘에 패배할까 봐 두려워하면서 그들을 내버려 두는 것이다.

늙은 어미는 전쟁터를 지나서 집으로 돌아왔다. 하지만 그녀의 고향은 지금 비어 있었다. 한 가족이 살았던, 골똘히 생각에 잠긴 사람의 머리를 닮은 벽돌 페치카 굴뚝이 있는, 진흙으로 바르고 노란 페인트로 칠해진 작고 가난한 집은 오래전에 독일군의 폭격으로 불타서 무덤의 풀이 자라나고 재만 남아 있었다. 그리고 주변의 모든 주거 지역들, 이 오랜 도시 전체 역시 죽었으며, 그 주변 모든 것은 환했지만 우울했고, 침묵하는 대지의 저 너머 멀리까지 보였다. 시간이 조금 더 지나면 사람이 살던 곳은 풀이 무성하게 자라서 바람에 흩날리고, 빗물이 그곳을 고르게 하여 인간의 흔적조차 남지 않을 것이며, 지상에서 인간 존재의 모든 고통을 이해하는 사람도, 이를 선함과 미래를 위한 교훈으로 계승하는 사람도 남지 않을 것이다. 살아남는 자는 아무도 없을 것이기 때문에. 그리고 어머니는 이 마지막 생각과 기억도 없이 죽어가는 삶에 대한 심장의 고통 때문에 한숨을 내쉬었다. 그러나 그녀의 심장은 선했으며, 죽은 자들에 대한 사랑으로, 그들이 무덤까지 가져갔던 그 의지를 실현하기 위해, 모든 죽은 자들을 위해 살기를 원했다.

어머니는 차갑게 식은 잿더미 한가운데 앉아 자기가 살던 집의 재를 손으로 파헤치기 시작했다. 그녀는 이제 자기가 죽을 때라는 것을, 자신의 운명을 알고 있었지만, 그녀의 영혼은 이 운명의 몫과 화해할 수 없었다. 그녀가 죽으면 자기 아이들에 대한 기억은 어디에 보존될 것이며, 그녀의 심장이 더는 뛰기를 멈춘다면, 누가 사랑 안에서 그 아이들을 보호할 것인가?

어머니는 그것을 몰랐기에 홀로 생각했다. 이전에는 꽤 예쁘고 살집도 있었지만, 지금은 쇠약해지고 조용하며 무심한 젊은 여성 예브도키야 페트로브나가 어머니에게 가까이 다가왔다. 예브도키야의 어린 두 아이는 도시를 떠나 피란할 때 폭탄에 맞아 죽었고, 남편은 토목 공사에서 실종되었는데, 그녀는 아이들을 묻어주기 위해, 그리고 죽음의 장소에서 자신에게 남겨진 시간을 마저 살기 위해 이곳으로 다시 돌아왔다.

"안녕하세요, 마리야 바실리예브나." 예브도키야 페트로브나가 말했다.

"아이고, 두냐,* 여기 나랑 앉아서 이야기나 좀 하세. 내 머리 좀 봐주게. 너무 오래 못 씻었어."

두냐는 순순히 그녀 옆에 앉았다. 마리야 바실리예브나는

---

* 두냐는 예브도키야의 애칭.

그녀의 무릎에 머리를 대고 누웠고 이웃 여자는 그녀의 머리에서 이를 찾기 시작했다. 두 사람 모두 이런 일이라도 할 게 있어서 마음이 편해졌다. 한 명은 부지런히 애썼고, 다른 한 명은 누워 아는 사람이 가까이 있다는 안도감에 평화롭게 졸았다.

"자네 애들도 다 죽었어?" 마리야 바실리예브나가 물었다.

"전부 죽었어요. 다른 방법이 있나요!" 두냐는 대답했다. "형님 아이들도 다 죽었나요?"

"다 죽었어. 아무도 없어." 마리야 바실리예브나가 말했다.

"형님이나 나나 똑같이 아무도 없네." 다른 사람들도 자기만큼이나 슬퍼서 자신의 고통만이 세상에서 가장 큰 건 아니라는 사실에 안심한 두냐는 이렇게 답했다.

"내 슬픔이 아마 자네보다 더 클 거야. 나는 이전에도 과부로 살았으니까. 게다가 내 두 아들도 이 동네에서 죽어서 묻혔으니." 마리야 바실리예브나가 이렇게 말했다.

"아들들은 독일군이 미트로파니예프 도로로 페트로파블로프카에서 이곳으로 나왔을 때 작업 대대에 입대했지. 그래서 내 딸이 무작정 나를 여기서 데려갔어. 그 애는 나를 사랑했지, 내 딸이니까. 하지만 나중에는 나를 떠나 다른 사람들을, 모두를 사랑했지. 그러다가 한 사람을 불쌍히 여겼어. 그 애는 착했다오. 내 딸 말이야. 그 불쌍한, 아픈 사람, 그 부상병을, 거의 죽은 거나 마찬가지인 사람을 돌봤는데, 결국 딸

아이도 비행기 폭격을 맞아 죽었지. 그래서 내가 이리로 돌아온 거야, 내게 이제 뭐가 필요하겠어! 이제 무슨 상관이야! 난 아무 상관이 없어! 이젠 나도 죽은 거와 같아."

"그러게, 뭘 하시게요. 죽은 것처럼 사셔야죠, 나도 그렇게 살고 있어요. 내 아이들도 죽었고, 형님 아이들도 죽었어요. 그래도 형님 아이들이 어디 묻혔는지는 알아요. 저기, 그놈들이 모두 끌고 가서 묻은 그곳에 있지요. 저야 계속 여기 있었잖아요. 내 눈으로 전부 다 봤어요. 죽은 사람들 수를 헤아리기 힘들 정도였어요. 자기편 중에 죽은 사람은 서류도 만들고 따로 매장했는데, 우리 러시아 사람들은 저기로 멀리 끌고 갔어요. 우리 러시아 사람들 전부 발가벗기고는 그중 귀중품 목록만 종이에 적었어요. 오랫동안 그 짓을 하더니만, 나중에는 시체를 끌고 가서 묻기 시작했죠." 두냐가 말했다.

"무덤은 그래 누가 팠어?" 마리야 바실리예브나가 걱정스럽게 물었다. "깊게는 팠어? 알몸으로, 덜덜 떨다 죽었으니 그래도 무덤에 깊이 묻어야 그나마 따뜻할 텐데."

"아니, 깊이 파긴요! 폭격으로 생긴 구덩이가 그냥 무덤이 됐어요. 거기에 시체를 가득 쌓았지만, 공간이 부족했어요. 그러니까 독일놈들이 죽은 사람들 무덤 위로 탱크를 몰고 왔다 갔다 지나가서 시체를 다졌어요. 그래서 그나마 공간이 좀 생기면 남은 시체를 그 위로 쌓고요. 땅을 팔 생각도 없었어요. 힘을 아껴야 하니까요. 그 위에다 약간 흙을 뿌린 게 다예요. 죽은 사람들은 거기 누워서 지금 얼어붙고 있어요. 죽은 사람만이 그런 고통을 견딜 수 있어요. 알몸으로 그 추위에 영원히 누워 있다니 말이지요."

"그래서, 내 아이들도 탱크로 짓밟고 지나갔나, 아니면 그래도 온전히 위쪽에 묻어줬는가?" 마리야 바실리예브나가 물었다.

"형님 아들들요?" 두냐가 대답했다. "그것까진 못 봤어요. 저기 마을 뒤 바로 길가에 모두 묻혀 있으니, 가보면 돼요. 제가 나뭇가지 두 개를 묶어서 십자가를 세워줬지만, 이것도 소용없어요. 강철로 만들더라도 어차피 십자가는 부서질 거고 사람들은 죽은 자들을 잊게 마련이지요."

마리야 바실리예브나는 두냐의 무릎에 기댔던 고개를 들고 이제 두냐의 머리를 자기 무릎에 기대도록 한 채 그녀의 머리에서 이를 찾기 시작했다. 뭐라도 일을 하자 마음이 좀 나아졌다. 육체노동은 병들고 슬픈 영혼을 치유하는 법이다.

그런 다음 날이 어두워지자 마리야 바실리예브나는 일어났다. 그녀는 늙었고, 이제 지쳤다. 그녀는 두냐에게 작별을 고하고, 자기 아이들이 누워 있는 황혼으로 갔다. 가까운 땅에는 두 아들이 있었고, 딸은 더 멀리 있었다.

마리야 바실리예브나는 마을 변두리 쪽으로 갔다. 변두리 지역에는 이전에 나무를 키우고 작게 농사를 짓던 사람들이

죽은 자들의 요청

살던 목조주택들이 있었다. 그들은 집 주변 땅에서 거둬들이는 것으로 먹고살았기에 이곳은 태곳적부터 평온했다. 하지만 지금 여기엔 아무것도 남지 않았다. 땅은 전부 불탔으며, 주민들은 죽거나 피란을 떠났거나 포로가 되어 노역을 하거나 죽었다.

미트로파니예프 도로는 이 마을에서 평원으로 펼쳐져 있었다. 옛날에는 도롯가에 버드나무가 자랐지만, 지금은 전쟁 이후 그루터기까지 앙상했고, 인적 없는 황량한 길이 마치 세상의 종말이 가까워서 아무도 다니지 않는 것처럼 지루했다.

마리야 바실리예브나는 가련하게 떨리는 두 개의 나뭇가지를 교차한 십자가가 세워진 무덤에 도착했다. 어머니는 이 십자가 옆에 앉았다. 십자가 밑에는 적들의 손에 살해당하고 학대받고 잿더미 속으로 던져진 그녀의 아이들이 벌거벗긴 채로 누워 있었다.

저녁은 마침내 밤이 되었다. 가을 별들은 마치 울고 난 후 놀라고 선량한 눈을 크게 뜨는 것처럼, 너무 슬프고 매혹적인 어두운 지상을 향해 빛나고 있었기에, 동정과 고통스러운 애정으로 아무도 눈을 뗄 수 없었다.

"너희들이 살아 있었더라면……." 어머니는 자신의 죽은 아들들에게, 땅을 향해 속삭였다.

"살아 있기만 했더라면, 얼마나 많은 일을 했을지, 그리고 얼마나 많은 운명을 경험했을지! 그런데, 이제, 지금 너희는 죽었구나……. 너희들이 살지 못한 그 삶은 대체 어디로 갔을까, 누가 너희들을 대신해서 그걸 살아줄 수 있을까? 마트베이가 몇 살이었더라, 스물세 살을 겨우 넘겼지. 바실리는 스물여덟. 내 딸은 겨우 열여덟에 불과했어. 어제 날짜로 열아홉이 되었을 텐데. 어제가 그 아이 명명일*이었는데. 나는 너희들에게 내 심장을 다 써버렸지. 내 피가 너희에게 얼마나 많이 갔는데, 결국 그걸로는 부족했어. 내 심장과 피만으로는 부족했다니. 너희들은 죽었고 나는 너희를 살 수 있도록 보호하지도, 죽음에서 구하지도 못했구나. 너희들, 내 아이들, 이 세상에선 살아갈 수 없었구나."

"그래도, 내가 너희들을 낳았어. 생각도 하지 못했단다. 낳기만 하고선 잘 살아가겠거니 했지. 그런데 여기 이 땅에선 살 수가 없었구나. 여긴 아이들을 위해 아무것도 준비된 게 없어. 아니 준비만 하고 관리하진 못했어! 아이들은 여기서 살 수 없었지, 어디 달리 살 곳도 없어. 그러면 우리 어머니들은 이제 뭘 해야 하나? 우리가 아이들을 낳았는데, 대체 어떻게 해야 할까? 나 홀로는 살 수도 없고, 살아야 할 이유도 없구나."

어머니는 무덤의 흙을 만지며 거기 얼굴을 대고 누웠다.

---

* 러시아인들이 세례식에서 받은 이름과 같은 성자를 기념하는 날. 광범위하게 생일의 의미로도 쓰인다.

땅속은 고요했고 아무 소리도 들리지 않았다.

"자고들 있구나. 아무도 꼼짝도 하질 않네. 죽는 것도 얼마나 힘든데, 죽어버렸어. 그냥 잠이나 자라지. 나는 기다릴 거야. 아이들 없이는 살 수 없어. 죽은 아이들 없이 나는 살 수가 없어." 어머니는 이렇게 속삭였다.

마리야 바실리예브나는 고개를 들었다. 그녀는 흡사 딸 나타샤가 자기를 부르는 소리를 들은 것 같았다. 나타샤는 아무 말도 하지 않고, 마치 자신의 연약한 호흡으로 무언가를 말한 것처럼 어머니를 불렀다. 어머니는 딸이 자신을 부르는 곳, 온유한 목소리가 들리는 곳, 조용한 들판이든, 땅 깊숙한 곳이든, 높은 하늘이든, 저 맑은 별에서든 딸이 자신을 부르는 곳을 보고 싶어 주변을 둘러보았다. 그녀의 죽은 딸은 지금 어디에 있을까? 아니면 그녀의 딸은 더 이상 그 어디에도 없고, 자기 마음에 기억된 나타샤의 목소리가 어머니에게 들리는 것처럼 느껴진 것일까?

마리야 바실리예브나는 다시 귀를 기울였다. 그러자 세상의 고요 속에서 딸이 자신을 부르는 소리가 다시 울렸는데, 너무 멀어서 마치 침묵과도 같았지만 다른 한편으로는 순수하고 의미가 명료하며, 이뤄지지 않았던 모든 것이 이뤄질 것이라는 희망과 기쁨에 대해 노래하며, 죽은 자는 다시 지상으로 돌아와 살아갈 것이며, 헤어진 사람들은 서로를 안고 다시는 헤어지지 않으리라는 것을 노래하는 소리였다.

어머니에겐 딸의 목소리가 즐거운 것처럼 들렸으며, 이것이 자기 딸이 삶으로 돌아올 희망과 믿음을 의미하며, 죽은 딸이 산 자의 도움을 기대하고 죽은 상태로 있는 걸 원하지 않는다고 이해했다.

"딸아, 어떻게 내가 너를 도와줄 수 있니? 나도 겨우 살아 있는데"라고 마리야 바실리예브나는 말했다. 그녀는 마치 평온하게 자기 집에서처럼, 얼마 전의 행복한 생활에서 종종 그랬듯이 아이들과의 대화를 이어 나갔다.

"딸아, 나 혼자서 너를 살릴 순 없어. 만약 전 민중이 너를 사랑하고 지상의 모든 거짓을 바로잡는다면, 그랬더라면 너도, 그리고 모든 의롭게 죽은 자들을 삶으로 되돌릴 수 있었을 것이야. 결국 죽음이 첫 번째 거짓이구나!……. 나 혼자 어떻게 너를 도울 수 있을까? 난 그냥 슬퍼서 죽을 거고, 그러면 너와 함께할 수 있을 거야!"

어머니는 흡사 땅속에 있는 나타샤와 두 아들이 자기 말을 주의 깊게 듣기라도 하는 것처럼, 딸에게 마땅한 위로의 말을 오랫동안 건넸다. 그러고 나서는 꾸벅꾸벅 졸면서 무덤에서 잠이 들었다.

한밤중 전쟁의 새벽이 저 멀리서 다가왔고, 대포의 굉음이 그쪽에서 울렸다. 저기서 전투가 시작되었다. 마리야 바실리예브나는 잠이 깨서 하늘의 불꽃 쪽을 바라보았고, 대포의 빠른 호흡에 귀를 기울였다.

"이건 아군이 오고 있는 거야." 그녀는 그렇게 믿었다. "빨리 와야지. 다시 소비에트 정권이 권력을 잡으라지. 그들은 민중을 사랑하니까. 그들은 노동을 사랑하지. 그들은 사람들에게 모든 걸 가르쳐줄 거고, 돌보겠지. 아마도 백 년의 세월이 지나면, 죽은 자들이 부활한다는 걸 민중도 알게 되겠지. 그러면 고아가 된 어머니의 심장도 기뻐할 것이고, 숨을 쉴 수 있을 거야."

마리야 바실리예브나는 그녀가 원하는 대로, 그리고 자기 영혼을 위로하기 위해 필수적인 모든 것이 그렇게 이루어질 것이라 믿고 이해했다. 날아가는 비행기가 보였는데, 그것은 발명하기도 만들기도 어려웠다. 그러니 땅속의 모든 죽은 자들을 햇빛 아래 생명으로 되돌려놓으려면, 자신의 아이를 낳고 묻어본, 그리고 그들과의 이별로 죽어가는 어머니들의 열망에 사람들의 지혜를 모았을 때야 가능할지도 모른다.

그녀는 말 없는 자기 아들들에게 더 가까이 가기 위해 무덤의 부드러운 흙에 다시금 웅크렸다. 그들의 침묵은 그들을 죽인 악랄한 세상 전체에 대한 비난이었으며, 그들의 어린 몸의 냄새와 그 살아 있던 눈동자의 색깔을 기억하는 어머니들을 위한 슬픔이었다. 정오 즈음 러시아군의 탱크가 미트로파니예프 도로로 도착해 순찰과 탱크 급유를 위해서 교외 지역에 멈춰 섰다. 그들은 이제 선제공격하지 않았는데, 죽어버린 도시의 독일 수비대가 전투를 피해서 자기 부대가 있는 쪽으로 퇴각했기 때문이었다.

한 소련 군인이 탱크에서 내려서 멀리 평화로운 태양이 비추고 있는 땅을 걷기 시작했다. 소련 군인은 그다지 젊지 않고 나이가 꽤 있었는데, 그는 풀이 어떻게 살고 있는지, 자기가 알고 있는 나비와 곤충이 있는지 확인하는 걸 좋아했다.

두 개의 나뭇가지를 엮어서 만든 십자가 근처에서 소련군 병사는 얼굴을 땅에 대고 쓰러져 있는 한 노파를 보았다. 그는 그녀에게 몸을 기대 숨소리를 들은 다음, 그녀의 몸을 뒤집었고, 더 정확한 판단을 위해 귀를 가슴에 갖다 대었다.

"심장이 멈췄네." 붉은군대 병사는 확인 후 여분으로 가지고 다니던 깨끗한 아마포로 고인의 얼굴을 가렸다.

"살 수가 없었던 거야. 굶주림과 슬픔이 그녀의 육신을 어떻게 집어삼켰는지 보란 말이야. 피부에 뼈가 비칠 지경이군."

"그리고 당신이 누구의 어머니였든, 나 또한 당신 없이 고아로 남았습니다." 소련군 병사가 작별을 고하면서 큰 소리로 말했다.

그는 타인의 어머니와의 이별에 지쳐서 조금 더 오래 서 있었다.

"지금 당신에겐 사위가 캄캄하겠지요. 어머니 당신은 우리를 떠나서 저 멀리 가셨군요. 도대체 뭘 해야 할까요! 지금

우린 당신의 죽음을 슬퍼할 시간이 없어요. 우선 적을 제압해야 하니까요. 그러고 나면, 전 세계가 이성을 찾아야 합니다. 그렇지 않으면 안 됩니다. 그렇지 않으면 모든 게 헛수고입니다!"

소련군 병사는 뒤돌아서 갔다. 그러자 죽은 사람들 없이 사는 게 외로워졌다. 그러나 그는 지금이야말로 자신이 반드시 살아야만 한다고 느꼈다. 사람들의 생명을 앗아가는 적을 박멸할 뿐만 아니라, 승리한 뒤에도 죽은 자들이 말없이 우리에게 남겨준, 더욱 고귀한 삶을 살 수 있어야 한다. 숨을 멈춘 이후라도 그들의 의지가 실현되고, 그들의 심장이 더는 속지 않도록, 그들의 영원한 기억을 위해, 그들의 희망을 지상에서 이뤄내야만 할 것이다. 죽은 자들은 산 자를 제외하고는 믿을 사람이 없다. 이제 우리 가까운 사람들의 죽음이 우리 민족의 행복하고 자유로운 운명으로 정당화될 수 있도록, 그들의 죽음이 그렇게라도 보상받을 수 있도록 그렇게 우리는 살아가야만 한다.

1943

철갑

Броня

플라토노프는 작가이기 이전에 엔지니어로, 청년기에는 철도대학에 다니면서 토지측량을 공부했고 기계와 기술을 사랑했다. 혁명이 세상을 바꾸는 것과 마찬가지로 과학과 기술이 인류의 미래를 바꾸리라 믿었던 플라토노프는 전쟁터에서 과학과 기술이 어떻게 인간을 살상하는 무기에 사용되는지 목격한다. 최신 기계들의 각축장인 전쟁터에서 작가는 영원히 파괴되지 않는 견고한 금속에 주목했다. 심장을 두른 철갑이라는 수식어는 플라토노프가 오랫동안 천착해오던 메타포이기도 하다. 이 작품에서 작가는 수천만의 러시아인들이 2차세계대전에서 두려움 없이 목숨을 던질 수 있었던 원인에 주목한다. 그것은 바로 사랑하는 대상에 대한 연민과 그 대상을 잃을 수도 있다는 두려움이었다. 플라토노프의 주인공들에게 그 사랑의 대상은 바로 러시아였으며, 이 작품의 주인공 사빈의 말처럼, 조국에 대한 사랑은 악이나 증오보다도 더 견고하며, 철갑과 같은 영원불멸의 물질이었다.

사빈은 노년의 선원이었는데 흑해 함대 중 한 곳에서 전기 기술자로 복무했다. 해전에서 다리를 다친 그는 이제 조용한 먼 후방에서 상처를 치료하기 시작했다.

그는 용감하고 선량한 늙은 선원이었다. 키는 작았지만, 키 크기 위해 쓸데없이 힘을 쓰지 않았기에 그는 단단한 뼈와 근육으로 이뤄진 듬직한 체격을 지니고 있었다. 마치 영원히 녹이 슨 것처럼, 약간 붉어진 그의 얼굴은 늘 우울한 표정을 하고 있었고, 우울한 얼굴 뒤에는 보이지 않는 선량한 심장과 온화한 성품을 지니고 있었다. 그는 쉰 목소리로 말했는데 그의 말은 마치 입이 아니라 배 속 깊은 곳에서 우러난 것 같았으며, 말보다 침묵과 관찰과 사유를 더 사랑하였기에 그는 거의 말하지 않았다. 그는 러시아 선원들 가운데 흔히 있을 법한 평범한 유형이어서 처음 우리가 알게 되었을 때는 나는 그에게 무관심했다. '또 한 명의 착한 술주정뱅이군'이라고 나는 그에 대해 생각했다.

하지만 내가 틀렸다. 해군 엔지니어 세몬 바실리예비치 사빈*은 아주 가끔 술을 마셨지만, 술 마시는 것을 항상 좋아하지는 않았다. 그는 바다도 좋아하지 않았다.

"바다는 슬프지, 저기엔 우수가 있어. 바다는 그 자체로 아름답진 않아, 단순하고 심각한 곳이야. 바다는 우리의 양식을 위한 물고기가 사는 저장고야. 또 바다를 통해 화물을 수송할 수도 있지. 비용이 싸니까 말이야. 하지만 바다에는 행복이 없어. 마른 육지가 더 나아. 여기엔 빵도 있고 꽃도 있고 사람들도 살고 있으니까." 그는 이렇게 말했다.

"그럼 당신은 왜 평생 선원으로 사셨어요, 세몬 바실리예비치?" 나는 그에게 물어봤다.

사빈은 침묵했다. 우리는 벨라야강으로 내려가는 협곡 경사면에 있는 풀밭에 앉아 있었다. 우리 앞, 협곡 반대편에는 평화로운 목조주택이 땅에 뿌리를 내리고 있었으며, 그로부터 땅의 경사면까지 아래로 이어지는 유순한 감자밭이 시작되고 있었다. 저 멀리 우랄산맥의 푸른 봉우리 위로 햇볕에 반사되어 눈부시게 깨끗해서 흡사 신성한 환영처럼 보이는 흰 구름이 하늘에 떠다녔다. 그리고 그 구름 아래에는 사람들의 삶을 위해 수고로움과 참을성으로 향기로운 들판을 끊

---

* 세몬은 이름, 바실리예비치는 부칭, 사빈이 성이다.

임없이 낳아주는 넓게 열린, 무방비의 대지가 놓여 있었다.

"나는 어릴 때부터 우리 러시아 땅을 사랑했지"라고 사빈이 말했다. 그는 침묵하더니 갑자기 조용히 울기 시작했다. 그런 후 당황한 나머지 쉰 소리로 기침하고는 자신을 책망하듯 뭐라고 중얼거렸다.

"우리 러시아 땅은 항상 저렇게 온순하고 아름다워서 언젠가는 적들이 이 땅을 파괴할 거라는 생각이 들었어. 러시아 땅을 사랑하지 않는 건, 이 땅을 점령하고 싶지 않은 건 불가능한 일이야. 어린 시절, 부모님과 살았던 작은 집을 바라보며 나는 창틀이 삐걱대는 애절한 소리를 들었어. 집 뒤로는 큰 밀밭이 있었는데, 고통과 두려움, 어쩌면 불안한 예감에서인지 모르지만 말이야, 그때에도 내 작은 심장은 슬퍼했지. 이 모든 것이 오래전 일이지만, 내 불안한 감정은 사라지지 않았어. 러시아의 운명에 대한 내 두려움은 여전히 그대로 남았지……. 나중에 나는 평범한 군인에서 해군 기술자가 되었어. 숙련되고 교육받은 군인이 무능한 군인보다 강하다는 걸 그때 알게 되었다네. 그러다 나는 함선을 사랑하게 되었어. 내 생각엔 이 빠른 강철의 요새가 우리 연약한 러시아 땅을 잘 방어할 것 같았고, 그러면 러시아는 영원히 적이 손대지 않은 온전한 상태로 남을 것이 아닌가……."

"배만으로는 충분하지 않습니다. 탱크, 비행기, 대포도 더 필요해요……."

"안 충분하지." 사빈이 동의했다.

"그러나 모든 것이 배에서 나왔어. 탱크는 육지의 선박이고 비행기는 공중의 보트니까. 배가 전부가 아니라는 걸 알지만 지금 필요한 게 뭔지도 알아. 우리에겐 적들에겐 없는 철갑이, 그런 철갑이 필요해. 배와 탱크를 감싸고 모든 군용차량에 두르게 할 그런 철갑 말이야. 그 특수하고 자연스러운 구조 덕분에 이상적인 내구성과 영원히 부서지지 않을 강도를 지닌 그런 금속……. 철갑, 이것이야말로 전쟁의 근육이자 뼈대라고!"

사빈은 그로서는 매우 드물게도 영감을 받아 흥분한 것처럼 보였다. 그는 자신의 영감을 사유와 작업의 비밀을 위해 썼기에, 평소에는 밖으로 잘 드러나지 않았다.

나는 사빈을 병원으로 데려다주려고 그와 함께 갔다. 그는 지팡이에 기대어 천천히 걸었다. 낡아서 흙 속에 깊이 묻혀 있지만, 졸고 있는 노인과도 닮은 사랑스러운 낡은 목조주택 근처에서 사빈이 걸음을 멈췄다. 그는 오랫동안 생각하고 또 회상하면서 이 작은 집을 바라보았다.

"내 심장이 약해지고 있어." 그는 말을 이어 나갔다. "하지만 이 연약함 때문에 어쩐지 생명을 더 잘 느끼고 있는 것 같아……."

"괜찮아요. 우리는 적을 극복할 겁니다. 그러면 다시 마음이 편해질 거예요." 나는 위로의 의미로 길동무에게 이렇게 말했다.

"이겨야지!" 사빈은 이상하게도 악의를 품고 이렇게 외쳤다. "극복하기 위해서는 일과 전투에서 승리할 줄 알아야만 해!"

그리고 그는 평소처럼 쉰, 하지만 온화한 목소리로 덧붙였다.

"우리 승리의 작은 부분이나마 내가 만들어뒀지."

나는 놀랐고 믿을 수가 없었다.

"도대체 당신의 승리가 어디에 있어요?"

사빈은 이렇게 대답했다.

"승리는 쿠르스크 지역 한 오두막에서 자고 있다네. 그곳에 10년 동안 작업한 서류를 묻어 뒀어."

"도대체 그게 뭔가요?"

"어떻게 말해야 할까? 이것은 새로운 금속의 생리학이야. 자네가 이해할 수 있도록 분명히 말하자면, 이건 아무도 우리를 이길 수 없지만, 우리는 적을 부숴버릴 수 있는 매우 견고한 철갑 금속을 생산하는 방법에 관한 것이지"라고 사빈이 말했다.

"하지만 쿠르스크 지역을 지금은 독일군이 점령하고 있어요!"

"그러라지. 독일놈들이 거기 있다고 해도 땅은 이전에도 그랬듯이 러시아의 땅이라네……. 다리만 좀 나으면 거기 가서, 모든 계산 기록과 실험 데이터를 가지고 올 텐데. 새로운 금속을 만들어야만 해. 강하지만 부드럽고, 탄력이 있지만 단단하고, 민감하지만 오래가는, 그리고 그걸 파괴하려고 하면 오히려 스스로 재생되는 그런 금속 말일세……. 자네 나와 함께 그리로 가겠나? 나는 거기서 또 무슨 작업을 했는지 전부 기억이 나지는 않아. 이건 한 단어도 빼거나 더하면 안 되는 그런 책과 같은 거야." 사빈이 말했다.

"가겠습니다." 나는 사빈에게 이렇게 말했다.

"고마워. 그 오두막에는 내 숙부가 살고 있지. 우리는 거기 머물면 된다네." 사빈이 이렇게 대답했다.

"그런데 독일놈들이 오두막을 불태우진 않았을까요? 만약 그럼 우리는 어디서 머물죠?"

"숙부가 내가 작업한 서류를 페치카 기둥 아래, 지하에 숨겼대." 사빈이 말했다. "그는 사려 깊은 사람이라 멀리 앞서서 생각하지. 거기엔 서류뿐만 아니라, 평범한 철강을 중간 강도의 철강으로, 그리고 또 철갑으로 바꾸는 작은 기구가 있어. 아직까진 작은 것들만 작업할 수 있지."

1942년 여름은 뇌우와 비, 그리고 더위 속에서 지나갔다. 농민과 노동자들은 전쟁터로 떠나면서 풍성하게 자란 밀밭과 야생 목초지를 기차 밖으로 바라보았는데, 그들의 영혼은 고통스러웠다. 도둑과 살인자에게 이 모든 삶의 행복과 선량함을 내줘야 한단 말인가? 과연 우리는 무엇을 위해 세상에 태어난 것인가? 아니다, 우리는 적을 앞질러야 한다. 적은 죽음을 데리고 우리의 부드러운 대지로 왔지만, 이제 여기서 우리 손에 의해 뼈가 되고, 기억도 없는 먼지가 될 것이다. 우리의 땅은 밀 농사에도 무덤에도 모두 다 좋다. 그리고 이제 가족과의 이별을 위해서도, 강건한 작업자들의 일손도 없이 고아처럼 여기 남겨진 추수할 땅을 위해서도 싸울 준비가 된 투사들에게는 강한 증오의 심장만이 남아 있었다. 그러나 심장은 무기이기도 한데, 먹고살게 해주는 조국의 땅에 대한 감사한 사랑으로 고양되고, 증오가 심장을 움직일 때, 심장만으로도 충분히 승리할 수 있는 것이다.

나는 사빈과 함께 임시 거주지를 떠나 서쪽으로 출발했다. 그는 한 달 동안의 고향 휴가를 받았고, 나는 출장을 가는 셈이었다. 우리는 우선 랴디스크까지 간 다음, 거기에서 툴라로 갔고, 툴라에서 쿠르스크 지역 경계 쪽으로 나섰다.

"그런데 어떻게 전선을 통과하죠? 하느님의 도움으로?" 사빈과 함께 수확할 때를 놓쳐서 웃자란 한적한 들판을 지나갈 때 나는 이렇게 물었다.

그러나 사빈은 적에게로 향하는 우리의 길에도 전혀 개의치 않았다.

"왜 하느님 운운이야? 우리는 러시아를 통과해서 가고 있어, 여기도 저기도 러시아고, 우리는 러시아인일세. 그러니 그냥 지나가면 돼. 우리가 우리 집에서 겁을 낼 이유가 뭔가? 집에서 왜 두려워해야 하나? 어디서 적을 속이면 되고, 어디에 숨으면 될지 알고 있어. 그리고 우리 편이 더 우세인 곳에서는 적과 싸워 이기면 된다네. 그러다 보면 우리 마을에 도달할 거야."

저녁 무렵 우리는 아군의 전초 기지에 도착했다. 사빈은 이 여행의 중요성을 설명하기 위해 부대 본부로 갔다. 그는 이 출장서류를 가지고 갔다. 오랫동안 기다렸는데, 그는 실망해서 본부를 나왔다. 기지의 부대장은 가장 경험이 많은 정찰병에게 이 모든 과업을 맡기고, 사빈과 그의 동료, 즉 나에게는 정찰병이 돌아올 때까지 이곳에서 기다리라고 제안했다. 물론 사빈은 거절했다. 이 일이 성공하기 위해서는 자신이 직접 가는 게 더 낫다고 생각했던 것이다.

밤이 되자 우리는 적이 있는 어둠 속으로, 앞으로 나아갔다. 처음에는 소련군 두 명이 우리를 바래다주었고, 나중에 우리 둘만 남아서 그들이 가르쳐준 방향으로 걸어갔다. 밤새 우리는 조용히 조심스럽게 걸었다. 그 어떤 소리도 총성도 들리지 않았다. 새벽녘, 멀리 마을의 오두막이 보였는데, 우리는 안전하게 우리를 숨겨줄 곡물을 보고 안도하면서 빽빽하게 자란 호밀밭에 잠을 자러 갔다.

저녁에 우리는 길가의 마을을 지나서 더 멀리 나아갔다. 한밤중에 우리는 길에서 정체를 알 수 없는 어둠의 인간을 만났다. 그는 혼자 걸었고, 우리는 밀밭에 숨어서 그가 어둠 속으로 사라질 때까지 그의 뒤를 쫓았다. 걸음걸이로 보아 그는 농부였다. 그는 모스크바를 향해 걸어갔는데, 아마도 소련군을 만나 전사가 되기를 원하거나, 아니면 자기 국가가 지배하는 곳에서 죽음을 피하기를 원했을 수도 있다. 나는 사라진 남자를 눈으로 쫓았는데, 그 외로운 농부가 떠도는 그곳이 그리워졌다.

우리는 이틀 밤을 더 걸었다. 우리는 사빈이 가져온 말린 빵과 길가 밭에 자라는 양파나 양배추 잎을 먹었다. 사빈은 최대한 많은 채소를 먹었는데, 나 역시 음식에 관한 한 사빈을 도왔다. 독일인이 채소를 얻기 힘들수록 우리가 더 유리하리라 생각했기 때문에, 우리의 폭식에는 고귀한 이유가 있었다.

"조국에 대한 사랑을 위해, 씹어!" 사빈이 내게 명령했다.

텃밭은 가꾸지 않아서 잡초가 무성했고, 그곳의 채소는 저절로 파종되어 자라거나 아니면 작년에 심은 것이라서 이미 거칠게 웃자라버렸다. 농부의 영혼이 이곳 땅에 무관심해졌거나 아니면 주인이 더 이상 살아 있지 않은 것일지도 모른다.

다음 숙박할 곳으로 우리는 한때 붐볐던 도로에서 멀지 않은 수풀에 자리를 잡았다. 한낮의 따가운 햇볕에 나는 잠에서 깨어났고, 모든 것이 평범하고 익숙했지만, 이제는 낯선 곳이 되어버린 텅 빈 러시아 들판을 바라보았다. 사빈이 내 옆에서 코를 골았고, 순간 그의 얼굴에 앉으려던 나비는 깜짝 놀라서 저 멀리 날아갔다.

저 멀리서 낯선 사람들이 길을 걷고 있었다. 그들은 천천히 걸었고, 나는 그들이 가까이 오기를 오랫동안 기다렸다. 그들은 모스크바 쪽에서 오고 있었는데, 보아하니 갈 길이 멀어서 서두르지 않는 것 같았다.

독일군 병사가 기관총을 들고 앞서 걸어가고 있었다. 회색 먼지, 우리 땅의 먼지가 낯선 자들의 옷을 덮었다. 그의 뒤로는 젊은 농부 여자들이 따르고 있었는데, 그들 중 한 명은 대략 열다섯 살 정도로 보이는 소녀였다. 그들을 모두 세어보니 열네 명이었다. 그들 뒤로는 다른 독일 병사가 서둘러 가라고 포로들을 겁주며 걸어가고 있었다. 그러나 포로들은 서두르지 않았다. 그들은 햇살이 내리쬐는 고향을 자주 뒤돌아보고, 신발을 정리하려 몸을 굽히기도 했고, 빵이 들어 있는 보따리를 서로에게 다시 매주기도 했으며, 한 소녀는 꽃인지 풀인지를 꺾으려고 길을 잠시 벗어나기도 했다. 그러자 후미의 독일 병사는 그녀에게 엄한 목소리로 중얼거리기 시작했다.

그들은 보따리를 등에 메고 손에 지팡이를 짚고 검은 스카프로 머리를 두르고 돌아올 수 없는 멀고 긴 여행을 떠났다. 젊고 어린, 마음으로 여전히 온유한 이들은 흡사 노년의 사람같이 구부정하게 어슬렁거리며 걸었는데, 왜냐하면 이들은 영원한 이별로 끌려가고 있었기에, 그들은 죽은 사람처럼 슬픔으로 고요해진 것이었다. 어린 시절, 나는 노쇠하고 말 없는 노파들이 시베리아에서 키예프*로 그렇게 순례의 길을 나선 것을 본 적이 있다.

나는 사빈을 깨웠다.

"저길 봐!" 나는 그에게 말했다. 그는 행렬을 바라보았다.

"저들을 노예로 끌고 가는군. 저 멀리 독일로 데려가는 거야……" 사빈이 이렇게 말했다.

우리는 숨어서 더 지켜보았다. 한 덩치 큰 여자가 갑자기 무릎을 꿇고 땅에 쓰러졌다. 독일 병사가 다가와서 머리에 두른 수건째로 그녀의 머리채를 잡고 일으켜 세워 다시 걷게 하려고 했지만, 그녀는 뒤로 넘어갔다. 그녀가 떠나온 익숙한 땅에 대한 그리움과 사랑은 분명 그녀에겐 죽음에 대한 공포보다 더 강했다. 그녀는 흙먼지 땅에 얼굴을 묻고 조국의 넓고 광활한, 열린 공간에서 단련된 깊고 부드러운 목소리로 통곡하기 시작했다. 우리는 그녀의 목소리를 들었는데, 거기엔 아무 말도 없었지만, 그녀의 심장이 죽어가는 길고 영원한 슬픔이 있었다. 그녀의 목소리는 너무나 순수하고 영혼에 가득 차서, 그 어떤 육체적 노력도 들이지 않고 오직 노래하는 영혼만이 울려 퍼지는 것 같았다. 우리는 스스로를

---

* 우크라이나의 수도 키이우. 여기서는 원문을 살려서 당시 러시아인들이 부르던 대로 키예프로 썼다.

잊어버린 채, 죽음의 노역으로 끌려가는 이 여자 포로의 노래를 들었다.

독일군은 그녀가 일어나서 걷게 하려고 다 죽어가는 여자를 다시 한번 건드리려고 했다. 그런데 여자는 갑자기 울음을 그치고 일어나서 그에게로 다가갔다. 그녀는 먼저 어깨에 멘 보따리를 매만지고, 자기를 잡는 병사의 손을 뿌리치고 반대 방향으로, 집으로 향했다. 이제야 우리 눈에 그녀는 키가 크고, 그녀를 대적하는 군인은 작고 약하다는 게 다시 보였다.

그 여자 포로는 이미 친구들에게서 멀리 걸어갔지만, 그들은 여전히 그녀를 바라보고 있었다. 그녀는 마치 자유에 대한 자기 권리를 느끼기라도 한 것처럼 그렇게 평온하게 떠났다. 그러자 파시스트는 기관총을 당겨서 그녀를 여러 번 쐈다. 그녀는 여전히 적과 가까이 있었고, 적이 그녀에게 덤벼들었지만, 그녀는 뒤도 돌아보지 않고 집으로 계속 갔다. 독일군은 또 한 발 총을 쐈지만, 그녀는 죽지 않고 이전처럼 평온하게 걸었다. 어리둥절한 병사가 그녀를 몇 발짝 뒤쫓다가 멈춰 선 후 편하게 총을 쏘기 위해 한쪽 무릎을 꿇었다. 그러나 그는 포로를 끝장내지 못했다. 두 발의 총성이 내 근처에서 울려 퍼졌고, 독일 병사는 영원히 순종하며 길가 땅에 힘없이 무릎을 꿇었다. 앞서가던 다른 독일 병사가 기관총을 발사 위치로 당겼지만, 그가 목표물을 찾기 전에 사빈의 새로운 세 발 총알이 그를 명중했다. 이 군인은 그대로 땅에 쓰러졌고 길의 낡은 먼지가 그의 시체 위로 고요히 솟아올랐다. 그러나 자기 심장이 시키는 대로 집으로 돌아가던 그 키 큰 여자도 역시 길가 풀밭에 쓰러져 있었다.

사빈은 뿔처럼 자라난 두 개의 나뭇가지 사이에 총구를 고정하고 여전히 권총을 조준하고 있었다. 그는 또 다른 적을 더 죽이고 싶었지만 더는 적이 없었다. 포로가 된 여자들은 금세 길에서 사라졌다. 그들은 집과 자유에 대한 그리움을 채우기 위해 서둘러 길 건너편으로, 저 먼 숲으로 들판을 지나 도망갔다.

우리는 덤불숲을 지나 길을 떠났고, 얼마 지나지 않아서 협곡 바닥 잡초 덤불에 누워 잠을 청했다.

저녁 무렵에 우리는 잠에서 깨어났는데 여전히 밝았다. 낡은 주택을 태우는 매캐한 연기가 협곡을 따라 피어올랐다.

"저기 무슨 일이죠? 이건 분명 마을이 불타는 건데요……." 나는 사빈에게 말했다.

"뭐긴 뭐야!" 사빈이 음울하게 말했다. "늘 일어나는 일이지. 적들이 우리 민족을 처형하고 있는 거지. 저리로 가보자고. 잠깐만 기다려……."

그는 주머니에서 한 장의 종이를 찾아낸 후 우리가 갈 마을과 그의 삼촌 이름을 연필로 썼다. 그는 영원히 부서지지 않는 철갑의 비밀이 보존된 오두막을 나 혼자서라도 찾을 수 있기를 바랐다. 자기가 적의 손에 죽을 수도 있다고 한 그는 우리 민족을 죽음으로부터 구하고 승리하도록 도와줄 자신의 소중한 재산을 구해내라고 내게 유언을 남긴 것이었다.

우리는 계곡 가장자리로 나왔다. 우리에게서 멀지 않은 곳에 대지 위로 시골의 오두막집이 조용히 불타고 있었다. 화염은 이미 잦아들고 있었지만, 마지막 불꽃은 하늘로 치솟았다. 한 여자가 이불에 감싼 무거운 짐을 팔에 끼고 우리 쪽으로 오고 있었다. 우리는 그녀를 멈춰 세웠다.

"어디를 가는 거요?" 사빈이 그녀에게 물었다.

"지금은 우선 아이를 묻으러 가요. 그러고 나서 나도 이리 죽으러 오려고요." 여자가 우리에게 상냥한 미소를 지으며 말했다. 겉보기에 이 여자는 이미 노파였는데, 아마도 자기 나이보다 겉늙었을지도 모르겠다.

"이 마을에는 또 누가 있소?" 사빈은 불을 가리키며 물었다.

여자는 대답하지 않았다. 그녀는 짐을 든 채로 바닥에 앉아서 이불 가장자리를 뒤집었다.

이불 아래로 어린 곱슬머리가 어여쁘게 덮인 아이의 얼굴이 하얗게 질려서 거의 빛나고 있는 듯했다. 우리는 너무나 이상하게 빛나는 아이의 얼굴로 고개를 숙였는데, 그의 눈 역시도 우리를 바라보고 있었지만, 그 시선은 이미 무심하다는 것을 알아차렸다. 그는 죽었고, 그의 얼굴은 핏기 없는 피부의 부드러움으로 빛나고 있었다. 여자는 우리더러 아이에게서 물러서라고 손을 흔들었다. 우리는 그녀의 뜻대로 했다.

여자는 아이를 흔들어주었다.

"그래, 그래. 이제 널 협곡에 묻어주마. 우엉 풀로 덮어주마, 형제자매들도 나중에 데려오마. 나중엔 엄마도 오마. 나도 너희랑 누워서 새 이야기도 옛이야기도 들려주마."

옛날 옛적에 사람들이 살았다네.
어느 날 사람들은 다 죽어버렸네.
그리고 벌레들이 태어났네.
벌레들은 사람이 되었다네.
벌레들이 다 죽으니
진흙만이 남았다네.
그 진흙 껍질에
그 이슬 맺힌 풀잎에
우리 심장은 숨을 쉬네.
우리 심장은 울고 있네.
죽은 아이들 때문이라네.
모두 가버리고, 모두 사라졌네.
심장만이 남아서
이 세상에 영원히 살고 있네.

죽을 수도 없다네.
왜냐하면 울고 있기에
울면서 기다리기에
죽은 자를 기억하리.
죽은 자는 돌아오리.
잠든 자는 깨어나리.
그러면 무슨 일이 있었는지
심장은 잊으리라.
그리고 너희를 사랑하리.
영원히 헤어지지 않는 삶에서.

그 후 여자는 아이의 얼굴을 이불로 덮고 우리 쪽을 향해 미소를 지으며 아이를 안고 계곡 깊은 곳으로 걸어갔다. 하지만 그녀의 미소는 너무나 가련하여 그녀 삶의 견디기 힘든 슬픔만을 나타낼 뿐이었다. 우리는 그녀를 기다렸다. 그녀는 빈 이불을 가지고 돌아와서 다시 마을로 걸어갔다. 우리는 그녀 뒤를 따라갔다. 그녀는 우리를 돌아보더니 갑자기 경쾌한 여성 민요를 부르기 시작했다.

"아니 이건 또 뭔가요?" 사빈이 그녀에게 물었다.

"난 취했어요." 여자가 유쾌하게 대답했다.

"대체 누가 당신에게 보드카를 먹였소, 독일놈들이오?" 사빈은 놀라서 물었다.

"그들이죠, 누가 또 있어요! 나는 죽은 아이들을 묻어주려고 이렇게 탁아소에서 애들 시신을 옮기고 있어요. 거기서 페치카용 석탄 가스로 아이들을 죽였어요." 여자가 대답했다.

"누가 죽였소?" 사빈은 침착하게 물었다.

"그들이요. 남자 여자 어른들은 저기 멀리 쫓아버리고, 제일 어린 것들만 남겨서, 때리고. 매일매일 밤마다 마을이 불탔어요. 그놈들이 마을에 불을 지르기도 하고, 화가 나서 처형을 하기도 했죠." 여자가 이렇게 말했다.

사빈은 여자의 손을 잡았다.

"독일놈들은 지금 어디 있소? 거짓말만 하지 말고! 많이 마셨소?"

"약간 마셨어요. 나중에 또 대접해주겠다고, 안주도 주겠다고 했어요. 지금 그놈들은 학교에 있어요. 저쪽에. 저기 석조 건물 있는 곳에. 저기 아이들이 다니던 탁아소가 있었는데, 이제 아이들은 죽었고 영혼은 그들에게서 떠났지만, 독일인들은 우리 영혼을 좋아하지 않으니 내가 아이들이 쉬도록 옮겨주고 있었어요. … 나 홀로 그들을 위해 울고 있어요. 나 홀로 그들을 위해 추모의 노래를 부르고 있어요. 누가 그들을 위해 슬퍼하겠어요? 이 마을에 여자라곤 나 혼자 남았으니, 이제 나는 모두의 어머니죠. 두 명의 노파가 있지만 죽어가고 있어요. 만약 그자들이 벌써 죽이지 않았다면, 남자네 명만 험한 일을 시키려고 남겨 뒀어요. 어제는 여섯 명이 살아 있었는데, 그자들이 두 명을 더 죽였어요……."

여자는 우리를 떠났고, 음울하고 어두워졌으며, 불은 오래전에 잦아들었다. 술에 취해 쾌활했지만, 운명 때문에 슬퍼했던 그 농부 여자가 사라진 이 불타고 황폐하며 인적 없는 마을의 변두리 풀밭에 우리 둘은 누웠다. 잠시 후 그녀는 이불에 싼 어린아이 시신을 안고 다시 나타나서 우리 옆을 지나 협곡으로 가버렸다. 그런 다음 그녀는 마을로 다시 돌아갔다. 우리는 밤에 풀밭을 헤매는 그녀의 어두운 형체를 바라보며 그녀가 다시 우리 옆을 지나가기를 기다렸다. 그녀는 또 다른 짐을 이불에 싸안고 와서 협곡의 어둠 속으로 사라졌다. 그런 다음 그녀는 다시 마을로, 죽은 아이들에게 돌아갔다. 우리는 슬픔을 묵묵히 견디며 그녀의 작업을 지켜봤다. 그러나 과연 얼마나 오래 참을 수 있는가? 우리가 파멸하는 것은 슬픔을 견디기만 하고 우리를 괴롭히는 자를 용서하기 때문은 아닐까? 그러한 인내는 자기 존재에 대한 우리의 사랑을 의미하며, 죽은 자들과 사랑하는 자들을 잊고, 살인자들을 용서하며, 적들에게 대항하는 우리의 영혼을 억제하면서 어떤 수단을 써서라도 살고 싶은 우리의 욕망을 의미하는 것은 아닐까? 약간이나마 숨 쉴 수 있고, 뭐라도 주는 대로 먹을 게 있고, 영원한 고통 속에서라도 살아남도록 허락만 해준다면? 그리고 나는 생각했다. 자기 머리와 심장이 시키는 그 순간적 결정에만 귀 기울이고, 삶에 대한 지겨운 집착에 굴복하지 않는 사람을 얼마나 보고 싶은가 말이다! 그리고 삶이라는 것, 심장의 순간적 움직임과 결정의 실현이 아니라면 그보다 삶이 더 고양되고 달콤한 곳이 또 어디에 있을 것인가?

농부 여자는 다시 한번 짐을 지고 계곡으로 갔다가 돌아오고 있었다. 사빈은 일어나서 짧지만 튼튼한 검을 찬 허리띠에 손을 얹고 여자를 뒤쫓아 갔다.

"여기서 기다리게. 금방 돌아오겠네." 그가 조용히 말했다.

"철갑은요?" 나는 물었다. "그놈들이 당신을 죽일 수도 있습니다, 우리는 우선 철갑이 있는 마을로 가야 합니다, 나 혼자선 길을 잃을 거예요."

"찾을 수 있을 걸세." 사빈은 숨을 몰아쉬며 이렇게 대답했다. "그리고 그놈들은 나를 죽일 수 없어. 왜냐하면 내가 먼저 그들을 죽일 테니까!"

나는 혼자 남았다. 사위가 깜깜한 밤이었고, 마을에는 정적만 흘렀다. 나는 사빈이 내가 항상 그토록 사랑하고 모든 곳에서 기대했던 인간적이고 충동적인 심장을 갖고 있다는 사실에 흡족해하면서 그를 기다리고 있었다.

마을에서 총성이 울렸는데, 소리는 다소 둔탁하고 조심스러웠다. 나도 사람이기에 더는 움직이지 않고 기다릴 수만은 없어서, 사빈이 갔던 어둠 속으로 달려갔다. 나는 우리의 죽은 아이들이 누워 있던, 그리고 지금은 독일 병사들이 있던 그 석조 건물을 오랫동안 찾았다.

나는 화재 이후에 남은 농가의 페치카와 어떤 농기구들이 있는 집 마당에서 길을 잃었다. 그런 다음 나는 텅 빈 들판으로 뛰쳐나갔다. 그곳에는 외로운 사람이 어디론가 걸어가고 있었는데, 나는 곧바로 그를 공격했지만 방어하지 않는 육신을 느끼며 이 존재를 놓아주었다. 그는 울고 있는 여자였고, 그 목소리를 듣고서야 나는 그녀가 죽은 아이들을 협곡으로 나르던 농부 여자임을 알아차렸다. 그녀는 나를 이끌었고 나는 그녀를 따라갔다.

"겁내지 말아요. 이제 그놈들은 없으니까요."라고 그녀가 말했다.

"그런데 왜 우시죠?" 나는 여자에게 물었다.

"그분이 저놈들 모두를 죽였어요. 칼로 찔렀죠. 처음엔 보초 서던 한 놈을, 나중에는 건물 안에서 쉬려고 누워 있던 다른 놈들까지 다 찔렀죠"라고 여자가 말했다. "그분은 그놈들을 즉시, 그들이 알아채지도 못하게 바로 찔러버렸어요. 7명을. 모두 저기에 쓰러졌어요……."

"그런데 왜 우시오?"

"그런데, 그분도 죽어가고 있어요…. 한 놈이 바로 죽질 않고 그분께 총을 쐈어요. 그런데 그게 심장에 명중해서……. 산파라도 깨워 오려고 달려갔지만, 산파도 돌보는 이 하나

없이 죽어 있었어요."

학교 입구에는 죽은 보초가 널브러져 있었다. 농부 여자는 그자를 치우려고 다리를 잡고 끌고 갔다. 방 안에는 박쥐 램프*가 켜져 있어서 낯선 죽은 자들을 희미하게 비췄다. 그들 중 둘은 등받이 없는 의자 두 개로 잠을 잘 수 있도록 독일 군인들이 길이를 늘여놓은 어린이용 침대에서 죽어 있었다. 다른 침대는 비어 있었는데, 네 명의 시신은 바닥에 뒹굴고 있었다. 그들은 사빈을 제압하려고 애썼을 것이다. 한 독일 군은 검은 외투를 입고 있었지만, 나머지는 집에서처럼 잠옷을 입고 있었다.

사빈은 그가 무찌른 적들과는 떨어져서 한쪽 구석에 누워 있었다. 나는 그의 얼굴로 고개를 숙여 그의 머리 아래로 어린이용 베개를 받쳐주었다.

"안 좋아요?" 나는 그에게 물었다.

"뭐가 안 좋아? 괜찮아. 나는 꽤 쓸모 있게 죽는 거야." 사빈이 가쁜 숨을 몰아쉬며 말했다.

"아픈가요? 어떻게 혼자서 모두를 이길 수 있었습니까?" 그의 셔츠 깃 단추를 풀며 나는 이렇게 물었다.

사빈은 고통스러워했지만 이렇게 대답했다.

"힘이 중요한 게 아니라 결단이, 악만큼이나 견고한 사랑

---

* 전기가 보편화되지 않던 시절 석유램프를 통칭하던 말이다. 유럽에서 최초로 석유램프를 생산했던 독일 회사 '박쥐(Fledermaus)'에서 기원했다.

이 중요해······."

그는 의식이 흐려지기 시작했다. 그런 다음 그는 언젠가 어머니가 자신을 불렀던 것을 기억해낸 것처럼 자기 이름을 중얼거렸고, 삶의 기억을 잃은 채 눈을 감고 죽음을 맞이했다.

나는 그에게 키스하고 그와 영원히 이별한 다음, 불멸의 철갑을 찾으라는 그의 유언을 이행하기 위해 출발했다. 그러나 러시아를 죽음으로부터 보호하고, 러시아 민중을 불멸로 유지하는 가장 견고한 물질은 바로 이 사람의 죽은 심장에 남아 있었다.

1942

할아버지 병사

Дедсолдат

아내에게 보낸 편지에서도 언급되었던 이 단편은 초기 전쟁 산문 중의 하나로, 플라토노프로선 드물게 사회주의 리얼리즘적이고 선동적인 뉘앙스의 작품이며 승리의 에피소드를 다루고 있다. 전쟁 초기, 플라토노프는 민중들의 영웅적 행위나 비극적 희생에 주목하면서 적에 대한 절대적 증오와 절멸의 의지를 드러낸다. 보통 사람들이었던 빨치산의 활약이 영감의 원천이 되었는데, 이 단편에서 작가는 특히 미약한 존재인 노인과 아이도 민중의 지혜로 적의 탱크를 파괴할 수 있다는 우화 같은 이야기를 전한다. 후기의 산문들과 달리 상당히 직접적이고 이분법적인 선악 구도와 허술한 이야기 구조에도 불구하고 삶과 죽음, 물과 대지, 영혼과 불멸 등 플라토노프 특유의 여러 모티프가 흥미롭게 녹아들어 있다. 이후 전쟁이 계속되면서 적에 대한 이러한 무조건적 증오는 점차로 악의 본질에 대한 보편적 질문으로, 새로운 문제의식으로 확장된다.

할아버지는 오랫동안 이 세상에서 살고 있었는데, 삶에 익숙해진 나머지 죽음을 잊었으며, 죽을 준비조차 하지 않았다. 그의 자녀들과 친척들은 오래전에 모두 죽었고 막냇손자인 아홉 살 알료샤만 고아로 홀로 남아 있었다.

"할아버지, 살아 있어요?" 그 자신도, 할아버지도 이 모두가 진짜인지 확신이 없는 알료샤는 놀란 눈으로 할아버지를 바라보았다.

"살아 있지. 알료샤, 일단 태어나면 산다는 건 지겨울 수가 없단다. 그렇지, 나는 불평할 게 없어. 아마 죽음이 나만 빼놓고 지나갔나 보다. 어린애들까지 다 셈을 해서 데려갔건만 나 하나는 실수로 남겨 뒀나 보지. 저승 명부에서도 빠져서, 영원히 살아서 너희 어린아이들을 도와주라고 이렇게 남았구나." 할아버지가 느릿하게 말했다.

알료샤는 늙고, 등이 굽고, 털북숭이가 되었으나 여전히 살아 있는 할아버지를 바라보았다. 할아버지의 머리털과 턱수염은 회색에서 갈색이 되었고, 눈은 물처럼 텅 빈 색깔이었지만 그는 여전히 살아 있었다.

"나도 살아 있어요. 같이 점심 준비해요. 벌써 먹을 때예요. 할아버지야 오래 살아서 많이 먹었겠지만, 나는 조금밖에 안 먹었어요."

알료샤는 생각에 잠겨서 이렇게 말했다.

할아버지와 손자는 넓은 집단 농장 텃밭에 있는 오두막에서 살았다. 할아버지는 채소를 기르고, 묘목을 돌보고, 날씨를 살피고, 양동이에 떨어진 빗물을 통해 강수량을 측정하고 기록했으며, 손자는 그의 곁에 머물면서 삶과 일을 배웠다.

할아버지는 양파와 돼지비계를 넣은 죽을 먹은 뒤, 평소처럼 빵 한 조각을 바지 주머니에 넣고 알료샤와 함께 텃밭의 흙이 내려앉은 연못 쪽으로 갔다.

"둑이 어떤지 살펴보러 가자꾸나."

할아버지는 이렇게 말했고, 그들은 함께 둑이 있는 쪽으로 갔다. 점토와 진흙을 이겨서 만든 이 작은 둑은 반세기 전에 할아버지의 아버지와 할아버지가 소속되어 일했던 농부들의 협동조합에서 건설했다. 이 둑은 오늘날까지도 온전히 남아 있었다. 엄청난 폭우와 산에서 내려오는 급류를 겪었지만, 폭풍이 둑을 무너뜨리지 못했으며 물에 씻겨 나가지도 않았다. 왜냐하면 이 둑은 땅을 잘 알고, 대지를 사랑하는 솜

씨 좋은 농부의 손에 의해 만들어졌기 때문이다.

할아버지와 알료샤는 평화로운 물가, 둑의 꼭대기에 멈춰 섰다. 물에는 떠다니는 구름과 날아다니는 새들이 어우러진 따스한 여름 하늘이 비추어 있었다.

할아버지는 천천히 주변의 모든 자연을 살펴보며 한숨을 쉬었다.

"여기에 정이 들었단다."

"왜 정들었어요?" 알료샤가 그에게 물었다.

할아비지는 잠시 침묵했다.

"살다 보니 정들었지…… 보렴, 여기가 어떤지. 위에는 하늘이 있고 아래에는 땅이 있고, 우리는 그 둘 사이에 있지."

알료샤는 둑의 꼭대기까지 찰랑하게 차 있는 물가에 쪼그리고 앉았다. 최근 비가 많이 내려 저수지는 거의 꼭대기까지 수위가 가득 채워졌다. 저수지의 푸른 심연에는 수중 식물이 자라났고, 물속에서 흡사 달처럼 연약해진 고요한 태양이 미동도 없는 어둡고도 마른 풀줄기를 비추고 있었다.

'풀들은 물속에서 살기 심심하겠다.' 알료샤는 수중 식물을 보고 이렇게 생각했다.

그는 물속에 사는 모든 것을 수중 왕국이라고 부른다는 걸 기억했다. 언젠가 마을 도서관에서 책 낭송을 할 때 이 이야기를 들은 적이 있었다. 그래서 알료샤는 물속 모든 풀과 그곳에서 살아가고 움직이는 모든 것들이 더 이상 심심하지 않도록, 그들 수중 왕국에서 가장 중요한 존재가 되기로 결심하고, 이 왕국 전체를 자신의 것으로 하기로 했다.

"이제 내가 너희들 중 우두머리야. 너희들은 수중 왕국의 주민이고 나는 너희 마을 의회 의장이야. 나중에 내가 커서 매일 노동 할당량을 채워서 돈을 벌면, 자전거를 사야지……." 알료샤는 물 위에서 큰 소리로 이렇게 말했다.

알료샤네 마을 의회 의장은 자전거를 가지고 있었는데, 펠트 장화를 신고 페달을 밟아서 업무가 있는 곳이면 어디든 자전거를 타고 돌아다녔다. 알료샤는 물속의 물고기나 풀, 거미들을 돌보러 다니려면 자전거가 필요하며, 그게 없으면 힘들 것이라고 생각했다.

그러곤 할아버지가 알료샤를 불러서 두 사람은 하늘과 땅과 모든 자연이 저 멀리 보이는 둑의 마른 경사면에 나란히 앉았다.

"거기 뭐가 있더냐?" 죽을 먹고 나서 땅에 누워 잠시 눈을 붙였던 할아버지가 이렇게 물었다.

"아무것도 없어요. 하늘에는 흰 구름이 있고 땅 위에는 참새 한 마리밖에요. 분명 그 참새도 늙었을 거예요." 알료샤가 말했다.

"그럴 수도 있겠구나. 나는 뭔가 다른 게 있다고 생각했는데…… 터키와 전쟁할 때 무슨 일이 일어났는지 아니……."

할아버지는 말을 하다 말고 코를 골며 잠이 들었는데, 잠결에 갑자기 말을 이어 나갔다.

"터키 전쟁 때 초소에 나 혼자 서 있는데 말이야……."

할아버지는 말을 멈추더니 또 잠이 들었다. 알료샤는 얼굴에 앉은 파리를 쫓아내고 할아버지에게 물었다.

"터키…… 할아버지는 왜 항상 터키 전쟁이라고 말해요. 터키가 지금 어디 있다고 그러세요?"

"하하하! 터키 전쟁이라고 넌 모르지……." 할아버지는 잠을 자면서도 웃었다.

"터키가 어딨어요, 지금은 없다니까요." 알료샤가 답했다.**

"지금은 없지. 이제 전쟁은 항공전, 독일전, 스파이전, 수중전, 유령전, 사람들에겐 아무 쓸모도 없는 그런 전쟁이야……. 그자들은 공포로 비명을 지를 만큼 우리를 괴롭힐 수 있다고 생각하지만, 우리도 그놈들에게 한 방 날릴 수가 있어." 할아버지가 동의했다.

할아버지는 그렇게 말하고 잠들었다. 알료샤도 얼굴을 찌푸리며 눈을 감았다. 그렇게 졸다 보니 기분이 나아졌다. 이제 그는 풀과 작고 똑똑한 거미와 올챙이가 살고 있고, 착한

---

* 러시아 제국과 튀르키예(오스만) 사이의 전쟁(1877-1878)을 뜻한다. 여기서 할아버지는 당시 소련에서 통용되던 대로 터키 전쟁(Турецкая кампания)이라고 말한다. 러시아에서 오스만과의 전쟁은 'war(Война)'가 아니라 작전이라는 뜻의 단어 'campaign(кампания)'을 쓰고 있다.

** 알료샤의 말은 역사적 사건이나 튀르키예의 복잡한 역사적 상황을 염두에 둔 것이 아니라, 아이의 시선에서 지금 터키는(또는 터키와의 전쟁은) 없다는 말 그대로 이해할 수 있다.

벌레들이 기어 다니고, 조용한 잉어와 물고기들이 헤엄치는 자신만의 수중 왕국을 가졌기 때문이었다. 모든 것이 이제 알료샤의 것이었다. 그래서 알료샤는 자신의 수중 왕국에 대해 끊임없이 걱정하고 돌봐야만 했다. 사실 그는 유일한 그곳 의회 의장이었고, 그가 없으면 그곳의 모든 생명체가 죽을 것이기 때문이다.

잠에서 깨어난 알료샤는 저녁까지 아직 많이 남았고, 여전히 긴 여름 낮이 계속되며, 호밀과 꽃 냄새가 나는 따스한 하늘이 여전히 위에서 빛나고 있음을 알았다. 할아버지는 아직도 숨을 몰아쉬면서 잠들어 있었다. 그는 자신이 가장 좋아하는 찔레 풀꽃이 피어 있는 둑의 마른 경사면에 누워 있었다. 그 아래로 둑은 넓은 골짜기로 이어졌고 그곳의 낮은 진흙 바닥에서는 우엉과 딱딱하고 마른 덤불이 자라나 있었다. 그곳에는 한 번도 사람이 산 적이 없었고, 살진 초록색 파리와 말벌들만 지루하게 윙윙거렸다.

알료샤는 할아버지 바지에서 빵 한 조각을 꺼내 잘게 부순 후, 둑 위에서 호수 위로 뿌렸다.

"먹으렴. 이제 내가 너희들을 먹여 살려야 되는 마을 의장이야. 그러니 너희들은 태어나고 또 살아가면 돼. 너희들이 고아처럼 살지 않게 내가 아버지가 되어줄게." 알료샤는 이렇게 덧붙였다.

잉어들이 수면 위로 올라와서 커다란 빵 부스러기를 씹기 시작했고, 작은 빵 부스러기는 즉시 삼켜버렸다. 알료샤는 물고기들이 먹는 모습을 흐뭇하게 바라보며 연못 전체를 자신의 왕국이라고 생각했다.

자기 왕국의 주민을 잘 먹인 후 알료샤는 연못을 전부 둘러보고 얕은 곳에 사는 개구리와 두꺼비를 살펴보기 위해 물가를 따라 걷기 시작했다.

그렇게 잠든 할아버지는 홀로 땅 위에 남겨졌다. 그러나 어쩐 일인지 그는 곧 잠에서 깼다. 공중에서 무슨 소리가 나서 깼거나 어쩌면 푹 잠든 게 아닐 수도 있었다. 그는 잠이 덜 깨서 어리둥절한 채 자리에서 일어나 앉아 엄지손톱으로 둑의 진흙을 긁어 댔다.

"이것 봐. 아주 튼튼하네. 반세기를 버텼으니 말이야. 앞으로도 한 백 년은 더 버틸 거야. 진짜 민중이 이걸 건설했으니 말이야. 다른 누구도 아닌 아버지와 내가 만들어서 이렇게 튼튼한 거라고. 민중은 항상 모든 걸 만들기 위해 영원히 노력하고 죽음도 속이지. 그래서 민중이 만들면 이렇게 잘되는 거라고." 할아버지는 흐뭇해했다.

할아버지는 풀이 무성하게 자란 둑 위에서 저 멀리 우엉과 덤불이 있는 고랑을 내려다보았다. 그곳에는 낯설고 커다랗고 뜨거운, 어두운 몸체 덩어리가 서 있었고, 햇빛 속에서 뜨겁고도 떨리는 열기가 대기로 뿜어지는 게 보였다.

"아마도 기계가 고장 난 것 같군. 터키 전쟁 땐 우리 인간들이 군복을 입고 땀을 쏟았는데 이제는 쇳덩이가 열을 내는구나······. 오늘날 전쟁이 어떻게 변했는지 한번 봐. 하기야, 시간은 흐르고 사람들은 똑똑해지고 식량도 비싸졌으니······. 그나저나 이게 아군인가 적군인가?"

할아버지는 안에 누가 있는지 확인하기 위해 철제 탱크 쪽으로 다가갔다. 알료샤는 저 멀리 물가에 있었다. 그는 물 마른 하구 쪽에 있어서 탱크가 둑을 향해 오는 걸 보지 못했다.

흙색으로 칠해진 커다란 탱크 근처에 낯선 사람이 아군 복장이 아닌 옷을 입고 앉아서 부스러기 하나라도 떨어질까 조심하며 한 줌의 건빵을 먹고 있었다. 적국의 병사는 지저분하고 허약해 보였다. 그는 무료하게 할아버지를 바라보며 이렇게 말했다.

"국수!"

"국수를 먹고 싶다고?" 할아버지가 물었다. "국수야 있지."

'이놈을 지금 반으로 쪼개버릴까 아니면 좀 더 기다릴까?' 할아버지는 이렇게 생각했다. 그리고 할아버지는 그에게로 다가갔다.

"양배추 수프와 버터를 넣은 죽이 있어!" 할아버지가 이렇게 말했다.

"주프,* 쇠고기!" 독일인은 말했다.

"그래, 그것도 가능하지!" 할아버지가 대답했다. "몇 인분이나 필요해? 저 안에 또 누가 있어?" 할아버지는 뭔가 액체를 뚝뚝 떨어뜨리며 낮게 쉭쉭 소리를 내는 뜨거운 탱크를 가리키며 독일인에게 물었다.

독일인이 일어섰다. 그는 옆구리에 총을 차고 있었다.

'오호라, 우리를 겁내고 있어. 빈손으로 돌아다니는 걸 두려워하는군.' 할아버지는 눈치를 챘다. 독일인은 주먹으로 탱크를 두드리며 자기네 말로 뭐라 말했다. 안에서 두 명의 목소리가 그에게 대답했는데, 흡사 꿈속에서처럼 불분명했다. '두 명이군.' 할아버지는 이렇게 판단했다. '네 명이라고 치자. 이놈이 다섯 번째겠군. 이보다 더 적을 리가 없어. 이 탱크는 장갑차라서 다섯 명 미만으론 운전할 수도 없을 거야. 터키 전쟁 때야 총검 숫자가 군인들 숫자와 같았지만, 여기선 이놈의 무쇠 상자 안에 얼마나 많은 놈이 있는지 금방 알 수가 없어. 일단 다섯 놈이 있고, 여섯 번째가 이 탱크고, 그런데 나는 혼자야. 뭐, 감당할 수 있어. 어쨌든 이제는 죽을 시간이 더 없겠어.'

독일인은 총을 꺼내서 총구로 할아버지의 등을 찌르면서 다시 말했다.

"국수, 주프, 쇠고기!"

"찌르지 마, 나도 러시아 군인이야! 그리고 국수 이야기를

---

* 수프의 독일어는 주페(Suppe)로, 여기서는 낯선 병사가 독일군임을 보여주는 단어이다.

두 번이나 하지 말라고. 한 번 듣고 바로 가져다줄 수 있다고!" 할아버지는 이렇게 말하며 화를 냈다.

할아버지가 앞서 걷고, 그의 뒤로 총을 든 적이 뒤따랐다.

'너무 오래 살았어.' 할아버지는 분노에 차서 이렇게 생각했다. '내가 우리 땅을 마치 외부인처럼 걷고 있군. 어머니에게서 태어났지만, 죽는 건 독일놈들 손에 죽겠구나!' 그는 적을 향해 돌아섰다.

"언제 사람을 죽이기 시작할 건가? 당장, 아니면 밥 먹고 나중에?"

"국수, 국수, 쇠고기." 독일 군인은 이렇게 말하면서 노인을 재촉했다.

"오 그래, 밥 먹고 나서지." 늙은 할아버지는 이렇게 짐작했다. 그들은 둑으로 올라섰다.

"우리 전 인민이 함께 이 땅을 일궜지. 아버지와 나는 여기에 힘을 보탰어. 이제 이곳이 얼마나 아름다운지 보이지. 자연, 호수, 물고기, 가벼운 공기, 이 주변 사람들은 먹고살 만해. 이전엔 황무지와 협곡 말고는 아무것도 없었는데, 반세기 만에 이렇게 된 거야……." 할아버지가 독일군에게 말했다.

독일인은 햇빛에 반짝이는 서늘한 호수를 음울하게 바라보았다. 그에겐 이곳이 좋든 나쁘든 상관없었고, 빨리 국수나 실컷 먹고 싶었다.

알료샤는 낯선 사람이 할아버지를 죽이러 데려가는 걸 연못가에서 보고 그들을 뒤쫓았다. 그는 달려가는 자신의 힘으로, 그리고 무서운 적이 너무나 가까이 있어서 미친 듯 뛰고 있는 자기 심장 박동을 느꼈다.

"할아버지, 할아버지! 겁내지 마세요. 내가 여기 있으니까. 그놈은 적이에요." 알료샤가 소리를 질렀다.

할아버지는 손자 쪽을 향해 말했다.

"적이라니? 이놈은 파시스트, 하일 히틀러야! 이전에야 적들이 왔었지. 크림 전쟁이나 터키 전쟁에서는 말이야. 하지만 이놈은 그냥 그저 그런 벌레 한 마리야……."

"그럼 그놈을 죽여요!" 알료샤가 말했다.

"기다려 봐, 서두르지 말고. 전쟁은 머리를 써야지, 골목 싸움이 아니란다." 할아버지가 대답했다.

할아버지는 오두막에서 죽이 담긴 냄비를 찾아내서 빵을 조각조각으로 자른 후 숟가락을 풀 묶음으로 닦았다.

파시스트는 오두막 입구 할아버지의 양털 깔개에 앉아서 총을 옆에 놓고 숟가락을 잡으려고 손을 뻗었다.

"좀 참아! 왜 우리한테 화를 내지? 뭣 때문에 전쟁을 하느냐고?"

독일인은 무언가를 말하면서 총을 들어 할아버지에게 겨누었다.

"정말 멍청하고, 배운 바도 없는 놈이로구나. 죽음도 나를 안 데려가는데, 네놈이 날 데려가겠다고?" 할아버지가 말했다.

할아버지는 앙상하고 뼈만 남은 농부의 손으로 총을 든 독일인의 손을 불시에 가격했고, 독일군은 무기를 떨어뜨렸다. 그런 다음 할아버지는 적에게로 몸을 날려 위에서 그자의 등을 땅바닥으로 세게 눌렀다. 독일군은 할아버지 밑에서 곧바로 조용해졌고, 나중에는 뭔가 불쌍하게 웅얼거렸다.

"내가 네놈보다 뭐든 더 잘한다는 걸 이제 알겠지." 할아버지는 이렇게 말하고 독일인을 눕혀 둔 채 그의 권총을 집어 바지춤에 넣었다.

알료샤는 오두막 근처에 서 있었다. 그는 할아버지를 도우러 적에게로 몸을 던지려 했지만, 그럴 틈도 없이 할아버지 혼자서 그놈을 처리했다.

"할아버지, 저도 그놈을 한 대 때리고 싶어요!" 알료샤가 말했다.

"이젠 그럼 안 돼! 이제 이놈은 포로가 됐으니까 말이다." 할아버지는 이렇게 대답했다.

할아버지는 포로로 잡힌 적에게 나무 숟가락을 건네주고 죽이 담긴 솥을 그에게 더 가까이 가져다줬다.

체념한 죄수는 생각에 잠긴 눈으로 머나먼 러시아 들판을 바라보면서, 솥을 가까이 끌어당겨 죽을 가득 퍼서 먹기 시작했다…….

할아버지는 오두막에서 철로 만든 곡괭이를 꺼내 알료샤에게 주었다.

"둑으로 얼른 가서 물이 새어 나가도록 홈을 파내거라." 할아버지는 이렇게 명령했다.

"왜요?" 알료샤가 물었다.

"거기 가보면 알게 될 거다."

"하지만 둑은 이제 자릴 잡아서 단단하게 됐어요. 반세기 동안 버텼다고 할아버지가 말했잖아요. 아마 파내려면 곡괭이가 구부러질 거예요."

"가서, 파내라고 하질 않느냐. 비록 그게 강철일지라도 네가 그걸 파내면, 너를 따라 물이 흘러서 둑을 부숴버리고 물이 홍수처럼 흐를 거야." 할아버지는 화를 내며 이렇게 말했다.

알료샤는 자신은 이제 참전한 소련 군인이고, 그의 할아버지는 사령관이라고 생각하면서 곡괭이를 어깨에 걸치고 나섰다.

둑에 올라서니 마른 도랑의 덤불 속에 서 있는 음울한 낯선 탱크가 보였는데, 그걸 보자 왜 수로를 파야 하는지 이해하게 되었다.

"홍수로 저들을 쓸어버리자!" 알료샤는 기뻐하며 빽빽하고 오래된 흙을 곡괭이로 파내기 시작했다.

그는 일하면서도 저수지의 모든 물이 저리로 쏟아지면 수

중 왕국의 사랑스러운 주민들이 죽을까 걱정됐다. 그는 물고기, 개구리, 풀이 불쌍하다고 여겨졌지만, 그들은 물과 함께 모든 인간의 적인 파시스트에게로 돌진할 것이다.

"소련 군대가 되는 게 최고야. 수중 왕국보다 더 나을 거야." 알료샤가 곡괭이로 둑의 흙을 파내면서 이렇게 말했다.

"소련 군대는 죽음도, 파시스트도, 그 무엇도 두려워하지 않아. 그러니 너희들도 겁내지 마. 나도 두렵지 않아. 그러면 우리는 살아남을 거야! 전쟁이 끝나면 우리는 다시 모일 거야."

대포는 말없이 독일군의 탱크 위에서 둑을 향해 바라보고 있었다.

시간은 저녁으로 흘러갔지만, 긴 하루 동안 쌓인 열기는 땅에 고스란히 쌓여서 살진 파리들의 가려운 몸통을 지졌다.

알료샤는 서둘러 작업했다. 곡괭이로 둑의 흙을 부순 뒤 손으로 땅을 파내고 다시 쇠 곡괭이로 더 깊게 내려쳤다. 힘들었지만, 그는 고통을 견뎠는데, 왜냐하면 전쟁에서는 모든 것을, 심지어 죽음까지도 견딜 수 있어야 하기 때문이었다.

마침내 물까지 다다를 정도로 파고 난 후 알료샤는 작업을 멈추고 무슨 일이 일어날지 기다렸다. 다져진 둑의 흙에 그가 파놓은 좁은 고랑을 따라 저수지에서 물줄기가 흘러나왔다. 그리고 이 약한 물줄기는 점점 살아 있는 힘으로 둑을 더 넓게 파괴하기 시작했다. 물줄기는 흙을 밀어내서 둑을 더 깊고 넓게 잘라내면서 개울처럼 커졌다. 왜냐하면 물줄기는 큰 저수지에서 태어났고 이제 저수지 전체가 그 좁은 개울로 몰려 들어가려 했기 때문이었다. 잔잔한 물은 이제 맹렬한 힘이 되었고, 고요한 저수지의 물은 쏟아지는 폭포가 되어 으르렁거렸다.

개울은 점점 더 커졌고, 둑의 흙을 무너뜨려 진흙탕 물속으로 흙을 더 멀리로 쓸어갔다. 두려움에 질린 알료샤는 오두막의 할아버지에게로 갔다. 하지만 오두막에는 할아버지가 없었다. 포로도 어딘가로 갔거나 아마도 할아버지를 제압하고 도망갔을지도 모른다.

오두막에서 저수지의 물이 보였는데, 물의 양은 점점 줄어들면서 오래된 둑에서 멀어지고 있었다. 알료샤는 이 끔찍한 시간이 빨리 지나가길 바라면서 할아버지의 뜨거운 양털 깔개에 누워서 피로함에 잠시 졸았다.

그는 대포 사격 소리를 듣고 잠에서 깨었다. 알료샤는 즉시 정신을 차리고 둑으로 달려갔다.

둑은 더 이상 존재하지 않았다. 물에 쓸려 내려갔고 저수지도 사라졌다. 둑에 남은 것은 어머니 대지에 기대어 남아 있는 한쪽 언덕뿐이었다. 이 높이 솟은 대지의 어깨 위에 할아버지가 총을 들고 서서 이전에는 말라 있던 골짜기를 내려다보고 있었다. 마른 골짜기는 이제 저수지의 미사토와 축축한 흙으로 덮여 있었다.

이 축축하고 끈적한 퇴적물 속에서 대포가 장착된 독일 탱크의 포탑 윗부분만이 보였고, 탱크 몸체는 이전에는 말라붙었다가 지금은 홍수로 침전된 끈적끈적한 진흙탕 속에 묻혀 있었다.

알료샤는 할아버지의 셔츠 자락을 붙잡고 그에게로 몸을 기댔다. 포탑에서 한 남자가 나타났다. 그는 거기서 기어 나오려고 했다.

"저 안에 서너 명이 더 있단다. 전쟁하다 지쳐서 잠들었는데, 식량을 구해 오라고 한 놈만 내보냈지. 저놈들은 이미 쉬어야 할 때가 지났단다." 할아버지가 이렇게 말했다.

할아버지는 총을 들어 제대로 조준한 뒤 탱크에서 나오려는 자에게 쏘았다. 그는 얼어붙었고, 이미 죽은 채로 말없이 뒤로 쓰러졌다.

"포획한 적, 파시스트 하일 히틀러는 어디에 있어요?" 알료샤가 물었다.

"전쟁에서는 한 놈만 상대할 시간이 없단다. 낡은 고삐로 묶어서 협곡에다 끌어다 놨지. 내가 손쓸 틈이 있을 때까지 거기 누워 있으라지……. 마을 회관으로 얼른 뛰어가서, 거기서 소련군에 연락해서 탱크를 수거하라고 전해야 해. 우리 편에 쓸모가 있을 거야. 일단 나는 여기서 이놈들 감시하고 있을 테니 말이야. 아직 탱크 안에 두세 놈은 살아남아 있어." 할아버지가 대답했다.

그런데 알료샤는 슬퍼하기 시작했다.

"할아버지, 그럼 이제 잉어와 개구리들은 어디서 살아요? 저수지 전체가 파시스트에게로 가버렸어요."

할아버지는 손자에게 화를 냈다.

"자 지금 내 손에는 무기가 있어. 하지만 적들을 처리하고 나면 다시 둑을 만들 거야. 우린 잠깐만 우리 재산을 부순 거야."

할아버지는 농부들의 손으로 건설된 백 년은 견딜 둑이 얼마 전까지도 서 있던, 물에 휩쓸려 내려간 그곳을 지켜보며 첫 번째 눈물이 마르고 두 번째 눈물방울이 떨어지지 않도록 두 번 눈을 깜박였다.

탱크의 포에서 짧은 불꽃이 터졌고, 거기에서 쇳소리와 함께 포탄이 할아버지와 손자 옆으로 날아왔다.

포탄 껍질은 죽은 저수지의 심연 위에서 건조하게 폭발했는데, 할아버지와 알료샤는 진흙처럼 단단하지만, 눈에 보이지 않는, 차갑고 강한 바람이 훅 들이치는 걸 느꼈다. 그런 다음 탱크는 자신이 묻힌 진흙투성이 깊은 곳에서 벗어나려는 듯 몸부림을 쳤고, 몸통 전체로 꿈틀거리더니 이내 고요해졌다.

"애써봤자 헛수고야. 물속에 가라앉거나 파묻힌 것들은 자기 힘으론 빠져나올 수가 없는 법이지." 할아버지가 말했다.

알료샤는 마당을 지나 마을로 달렸고, 그의 할아버지는 둑의 언덕 뒤에 엎드려 탱크 포탑을 향해 총구를 겨눴다. 아마도 다른 누군가가 또 나타날 것이다.

잠시 후, 한 사람이 천천히, 그리고 조심스럽게 그곳에서 기어 나오기 시작했다. 할아버지는 목표물을 조준하고 독일 총으로 그를 쏘았다. 다시 그 철제 상자 안으로 들어가란 말이다. 적은 바로 뒤로 쓰러졌다.

"아, 이런 국수, 주프, 쇠고기 같은 놈! 대체 누구를 속이고 싶었느냐? 우리 민중은 몇 번이고 죽음을 속였고 앞으로도 여러 번 이겨낼 것이다."

1942

텅 빈 영혼

Пустодушие

「텅 빈 영혼Пустодушие」은 「영혼이 없는 적Неодушев-ленный враг」과 더불어 적의 본질에 대한 플라토노프의 직접적 질문이자 대답이다. 작가는 영혼 없음, 스스로 생각하고 말할 능력의 부재를 악의 본질로 보았다. 플라토노프는 이 작품에서 어린아이가 던지는 무심한 질문을 통해 적과 '우리'의 차이, 그리고 파시즘의 본질에 주목하고 있다. 적이기에 무조건 그들을 증오해야 하는 것이 아니라, 무엇이 그들을 적으로 만들었으며, 그들이 신봉하는 파시즘의 본질은 무엇인지가 아이에게도 작가에게도 해결하기 힘든 중요한 문제였다. 더불어 인간은 왜 인류를 파괴하는 전쟁을 지속할 수밖에 없는 존재인지에 대해서도 작가는 질문한다. 그렇게 플라토노프는 적들의 악한 행위 자체보다 전쟁이라는 악을 추동하는 메커니즘을 이야기하고 있다.

불에 타고 폭격당한 보로네슈^{*} 변두리에는 파시스트에 의해 보호되어 완벽히 보존된 유일한 건물이 훼손도 파괴도 되지 않은 채 서 있었는데,^{**} 그것은 바로 지붕에 40개의 굴뚝이 있는 오래된 감옥이었다. 교외의 작은 마을에는 도시를 떠나 피란 못 간 노인과 노파, 아이들 등 노약자 시체가 주택 잿더미 아래에서 썩어가고 있었다. 노동을 할 수 있는 연령대의 사람들은 뼛속까지 다 닳아서 죽을 때까지 독일군의 노역에 동원되었다.

---

* 러시아 남부의 도시. 플라토노프의 고향이며, 작가는 종군기자로 보로네슈 근처에서 복무하기도 했다.

** '보호'와 '보존', '훼손'과 '파괴' 등 유사한 단어를 반복하는 것은 플라토노프의 문체적 특징 중 하나로, 특히 1920년대 중후반의 작품에서 자주 찾아볼 수 있다. '머리에서 생각하다', '마음에서 기쁘다'처럼 동어반복이나 필요 없는 단어를 덧붙이는 등, '멋진 눌변(прекрасное косноязычие)'이라고도 평가되는 작가 특유의 언어를 노벨문학상 수상자인 조지프 브로드스키는 '유토피아의 언어', 또는 '자기 시대의 언어'에 작가가 자기 언어를 종속시킨 결과로 보았다.

아조프 함대를 건설한 표트르 대제의 업적을 기념하여 한때 "작은 페테르부르크"라고 불렸던 이 죽음의 도시에는 단 하나, 감옥만이 온전하게 살아남아 서 있었다.

독일인들이 러시아 민족에게 자연스럽고 그들이 당연히 받아들여야 할 운명이라고 생각하여 준비했고, 또 준비하려는 세 가지 종류의 운명은 감옥행, 죽음, 그리고 독일군의 포로였다.

포로가 되는 것, 죽는 것, 또는 짧은 기간 살려두어 노예가 되는 것. 이것이 우리를 위한 독일인의 세 가지 유훈이었다. 이 세 가지는 결국 죽음이라는 하나의 결론으로 귀결될 수 있었다. 감옥, 무덤, 노예 사이에는 거의 차이가 없었다. 그러나 물론 차이점이 있긴 했다. 징역 노예는 유예된 고인으로, 나치에게는 아직은 쓸모 있는 죽은 사람이었다. 독일인은 이 차이를 잘 알고 있으며, 죽기 직전까지도 숨 돌릴 틈조차 주지 않으면서 알뜰하게 마지막 피 한 방울까지 자기 노예에게서 착취했다.

보로네슈 교도소 맞은편 공터에는 잡초가 우거진 주거지의 흔적이 남아 있고, 죽은 나무가 쓰러져 있었다. 나무 근처에 우리 시대의 평범한 사람의 얼굴을 한 지친 여자가 앉아 있었는데, 그 얼굴은 긴 시간의 절망에 이미 순응한 것처럼 보였다. 그녀는 자신에게 남은 전 재산이자 그 없이는 살 수 없는 몇 가지 살림살이를 보따리에서 꺼냈다. 여덟, 아홉 살

남짓으로 보이는 그녀의 아들은 최근까지 그들이 살았던 불타버린 집의 잿더미 속에서 우엉과 쐐기풀 사이를 기어다니고 있었다. 소년은 셔츠 한 장만 입은 채 맨발이었는데, 빵도 못 먹고 풀만 먹다 보니 배가 부어 있었다. 그는 잿더미 속에서 몇 가지 물건을 조심스럽고 부지런히 살펴보고 그걸 다시 제자리에 두거나 어머니에게 보여주고 또 건네주기도 했다. 생활에 대한 아이의 걱정, 진지함, 참을성 있는 슬픔은 어린아이 얼굴의 귀염성을 훼손하지 않으면서도, 우리가 스스로 숨기고 있던 그 단순하고 노골적인 삶의 비밀을 표현하고 있었는데, 이제 우리는 어린아이의 얼굴에 비친 그 모습을 보면서 부끄럽고 또 두려워졌다. 이러한 부끄러움과 두려움은 근거가 있었는데, 왜냐하면 우리는 적의 손에서 제때 구해내지 못한 아이의 궁핍한 운명에 대해 죄책감을 느끼고 있었기 때문이었다.

"엄마, 이런 거 우리한테 필요할까?" 소년이 물었다. 아이가 어머니에게 시계추를 보여줬다.

"그런 건 필요 없어. 어디 쓸모가 있겠니! 다른 걸 찾으렴." 어머니가 이렇게 말했다.

아이는 익숙하고 친밀한 물건을 찾아서 어머니를 기쁘게 하려고 불타버린 땅을 열심히 파헤치고 다녔다. 그는 불탄 단추를 발견하고 어머니에게 건네며 물었다.

"엄마, 파시스트는 어떤 사람들이야?"

아이는 주변을 둘러보았다. 황무지와 군용 배낭을 메고 걸어가는 절름발이 군인, 저 멀리 사람도 없고 소도 없는 황량한 들판을.

"독일인은, 그자들은 영혼이 없는 사람들이야. 아들아 나무토막이나 좀 모아 오렴, 감자를 구워줄 테니. 그리고 끓인 물을 마시자……."

"엄마는 그런데 아버지 장화를 감자랑 왜 바꿨어?" 아들이 어머니에게 물었다. "이제 대피소에서 빵을 공짜로 얻을 수 있잖아, 그러니 감자는 필요 없어. 감자 없어도 살 수 있는데……. 아버지는 벌써 죽었는데, 지금은 얼마나 더 힘들겠어. 그런데 엄마는 아버지 셔츠도 장화도 전부 물건으로 바꿔왔잖아……."

어머니는 아들의 힐난을 견디며 침묵을 지켰다.

"그런데 독일인들은 왜 영혼이 없을까? 안 먹어서?" 아들은 다시 물었다.

"그들이 안 먹는다고? 아냐, 잘 먹을걸. 안 먹고 사람이 어떻게 살겠니! 그들은 자기 죄를 사하기 위해 남의 피를 흘리게 하지, 그래서 영혼이 없다는 거야."

"그럼 우리는 어때?" 아이는 수긍하며 이렇게 물었다.

"우린 그렇지 않아. 우리는 스스로 피를 흘리고 슬픔을 스스로 견뎌낸단다. 우린 죄를 지었을 때 다른 사람에게 죄를 뒤집어씌우진 않아."

"엄마, 아버지를 죽인 파시스트는 어디 있어? 소련군이 그 사람을 죽였어?"

"아마도 그놈은 아직 살아 있을 수도 있어……."

"아냐, 조금만 살아 있을 거야. 우리 군인들이 나중엔 그놈을 죽일 거니까 말이야. 그런데 의사는 죽은 사람도 고칠 수 있어?"

"아니란다, 아들아. 의사들은 죽은 사람을 치료하는 법은 몰라."

소년은 생각에 잠겼는데, 시간이 지나자 위안을 찾았다.

"그럼 나중에 아버지가 다시 태어나서 어린 아기로 처음부터 다시 살면 되겠다. 그럼 아빤 죽지 않을 거야. 엄마, 아빠를 다시 낳아. 엄마는 나를 낳았으니까 말이야……. 사람들이 있어야지. 만약에 사람이 없어지면……."

나는 멀리서 이 대화를 듣고 있었다. 어머니와 아들은 내 먼 친척이기도 했기에 나는 그들에게 가까이 다가갔다. 그들을 살펴보고 내가 잘못 본 건 아닌지 확인하고 싶었다.

나중에 소년과 나는 땔감용 장작과 불탄 나무를 모으러 다녔고, 황량한 공터 한가운데 작은 모닥불을 피워 감자수프를 끓였다.

저녁이 되자 우리 셋은 함께 한 가지 작업을 했다. 악천후에 하룻밤을 보낼 거주지가 되도록 움푹 파인 땅굴 위로 나뭇가지를 엮어서 지붕을 만들어 덮은 것이다.

다음 날 아침 우리는 모두 함께 묘지로 갔다. 먼 친척인 그 여인은 나흘 전에 남편을 그곳에 묻었다고 했다. 그녀는 힘이 없어서 다른 누군가의 무덤을 얕게 파서 그 위에 남편의 시신을 놓고 흙으로 덮었다고 했다.

여자와 아들은 죽은 자를 배웅하러 무덤에 왔다. 그들은 매장지 근처에 무릎을 꿇고 조용히 땅을 바라보았다. 여인의 눈에서는 보기 드문 눈물이 고요히 흘렀고, 죽은 자 앞에서 여전히 살아 있는 자신에 대한 속죄라도 되는 양 힘겨운 슬픔이 그녀를 사로잡았다. 그리고 나는 모든 살아 있는 사람이 죽은 자 앞에서 죄스러운 수치심을 비밀스레 느낀다는 것을 깨달았다. 죽은 자들은 삶을 빼앗겼고, 살아 있는 사람은 그걸 가지고 있기 때문이다.

그러나 이미 자신의 고통에 익숙해졌고, 익숙한 습관은 편해지기 마련이기에 그녀는 차츰 진정되었다. 자고로 슬픔은 돌처럼 움직이지 않으며, 살아 있는 존재는 눈속임일지라도 점차 그 슬픔을 지나갈 수 있다고들 한다.

고인은 우리의 발아래 얕게 누워 있었는데, 흙과 섞인 고인의 시체에서 나는 냄새가 땅에서 풍겼다. 여자는 자신이 사랑했던 사람의 몸 일부가 섞인 공기를 깊게 호흡했으며 비록 이런 식으로라도 그와 소통하고, 가까이 있음을 느끼면서 만족했다. 그녀에겐 고인에 대한 혐오감이 있을 수가 없었다. 오히려 그녀는 남편이 완전히 먼지가 되어 뒤섞였을 때, 그의 부패를 더는 느끼지 못할까 봐 두려웠다. 그녀의 감정을 이해하지 못하거나 혐오를 느끼는 자는 인간 본성의 단순한 속성을 알지 못하며, 까다로운 조심성이 그를 세상과 세상에 대한 이해와 유리시킬 것이다.

"자, 엄마, 얼른 아빠를 파내자! 아빠가 차라리 집에 누워 계시게 하자고. 이제 우리 집도 땅속에 있으니까……." 아들이 어머니에게 이렇게 말했다.

어머니는 아들을 데리고 아버지로부터 떠났다. 죽은 사람은 다시 땅속에 홀로 남겨졌다.

여자는 독일군이 보로네슈를 점령했을 때, 남편을 데리고 함께 피란 가지 못해 죄책감을 느꼈다. 그녀의 남편은 절름발이라서 목발을 짚고 다녔기에 혼자 피란 갈 수 없었고, 그녀는 아이와 생필품이 든 보따리만 든 채로 겨우 길을 나섰다. 그녀는 남편을 태워서 피란시킬 손수레를 찾아다녔다. 그녀는 바퀴 둘 달린 수레 값으로 금시계를 주려고 했지만, 바퀴값은 당시에 생명과 같았기에 그녀는 수레를 구하지 못했다.

나중에 죽음의 도시로 돌아온 여자는 죽은 사람들 사이에서 불타버린 남편의 시신을 발견했다. 개미만큼 지혜를 가진 적들은 노동을 못 하는 쓸모없는 사람들이 음식을 축내지 않도록 도시에 남아 있던 노인들과 노파들, 장애인들을 모두 죽였다. 적들은 시체를 나중에 창고에 마구잡이로 던져 뒀다. 그런데 창고에 불이 났고, 불에 그을린 시체는 밖에 아무렇게나 쌓여 있었다. 내 친척인 여자는 치쳅스크 마을 공터에서 남편을 찾아냈다. 그는 쭈그러들고 부패해서 거의 흙이 되다시피 한 노파 옆에 누워 있었다.

"아저씨, 파시스트는 도대체 누구죠?" 살해당한 자의 아들이 조심스럽게 내게 물었다.

나는 아이가 뭘 묻는지를 이해했다. 그는 자기 아버지의 목숨을 앗아간 그 사람의 비밀을 알고자 했다. 나는 내일 전쟁터에 나가니, 혹 그곳에서 파시스트를 만나면 그가 누구인지 알아보겠다고 대답했다.

"아저씨, 파시스트를 여기로 데려와주세요!"

"그자를 왜? 죽이고 싶니?" 나는 고아에게 물었다.

소년은 묘한 슬픔이 어린 시선으로 나를 바라보았다.

"아니요, 우선 아버지를 돌려달라고 하려고요. 그러고는 땅에 쓰러져 스스로 죽으라지요."

그 아이에게는 정당한 소원이었다.

"파시스트들은 죽일 줄만 안단다. 죽은 사람을 살려서 돌려주진 못해." 내가 그에게 설명했다.

"그럼 대체 누가 살려낼 수 있어요? 그런데 어떻게 사람을 죽일 줄 알지요?" 고아가 물었다.

실현될 수 없는 진리가 아이의 말에 있었다. 아이는 사람을 낳을 수 있거나 다시 삶으로 되돌려줄 수 있는 사람만이 사람을 죽일 수도 있다고 생각했다. 선조들의 원천에서 물려받은 인류 본연의 순수함이 소년에게서는 아직 살아 숨 쉬고 있었다.

"전쟁이 끝나면 당신들과 함께 살도록 이곳으로 오겠소. 여기 원래 처음부터 있던 것처럼 함께 집을 지읍시다." 깊이 생각하진 않았지만, 나는 고아 소년과 그 엄마에게 진심으로 약속했다.

엄마와 아들은 내 말에 침묵했다. 그들은 약속이 얼마나 지켜지기 힘든 것인지, 그리고 희망으로 가는 길에 얼마나 자주 고통이 기다리고 있는지를 이미 잘 알고 있었다. 2주 후 나는 최전선에 머무르면서 원래 내 임무 중 하나로 독일 포로들과 도망자들을 심문하고 있었다. 포로 중 한 명인 쿠르트 포스는 매우 흥미로운 존재였다. 그가 거짓말을 했다면, 그의 거짓말은 그가 자신을 구하기 위해 숨긴 그 진리보다 더 진실에 가까웠다.

겉으로는 좀 지쳐 보였지만, 마치 자신의 운명에 완전히 만족하거나, 자기 행운의 별이 사라지지 않으리라 믿고 있는 듯이 냉정할 정도로 침착한 서른 살 정도의 보병 장교가 내 앞에 있었다. 포로가 주는 이런 식의 느낌은 내 마음에 들지 않았다. 그러나 나는 참을성 있게 모든 종류의 사람들을 연구하는 데 익숙했고 그들에 대한 사적인 감정을 억제하는 방법을 알고 있었다.

쿠르트 포스가 포로로 잡힌 그 지역에서는 최근 러시아 군인이 인간의 심장으로는 최고의 참을성을 보여준 사건이 발생했다. 우리 정찰병 두 명이 최전방 근처에서 독일군에게 발각되었다. 그들 중 한 명은 흙더미 속에 파묻혔는데 그 밑에서 얼어붙었다. 다른 한 명은 기관총 사격을 하며 적과 싸우기 시작했지만 이길 수가 없었다. 그가 상처를 입고 힘이 빠지자 두 명의 건장한 독일 병사들이 그를 맨손으로 공격했다. 상처를 입은 우리 정찰병은 힘이 약해졌지만, 자기 생명이 아직은 온전하다고 느껴서 일부러 죽은 척했다. 독일인들은 급히 그의 전신을 살펴본 후, 그가 죽었다고 판단했다. 그러고도 더욱 확실히 하기 위해 독일인들은 단검으로 우리 전사의 심장을 두 번 찔렀다. 우리 병사는 숨도 쉬지 않고 그 고통을 견뎌냈기에, 보기에도 생명의 흔적이 없는 것 같았다. 적들은 그가 죽었으며 영혼이 없다는 것을 확실히 알았다. 자기네 말로 서로에게 중얼거리며 그들은 행동을 이어갔다. 그들 중 한 명은 뜨거울 정도로 날카롭게 벼린 칼날로 우리 병사의 귀를 귀뿌리부터 싹둑 잘랐다. 그러다가 잠시 생각을 하고 쉰 후 러시아 병사의 두 번째 귀를 잘랐고, 또 다른 독일인이 단검으로 우리 병사의 코를 찔렀다. 러시아 병사는 적 앞에서 하늘을 향해 자빠져서 거의 죽을 정도로 호흡을 줄이며, 자기 자신의 따뜻한 피에 젖어 차갑게 식어가면서도, 심장의 마지막 비밀스러운 곳에 남은 생명을 보존했는데, 살아 있는 사람을 죽이고 죽은 자조차도 다시 처형하는 그런 적에게는 절대 자기 생명을 주고 싶지 않았기 때문이었다. 처형당한 우리 병사에게 적은 너무 수치스럽고 불쾌하게 보였기에 러시아 군인은 조금이라도 더 인내해서 살아남기를 원했다. 죽어가면서도 죽음에서 살아남아서, 천천히 처형되고 있는 자신만큼 그 누구도 적을 잘 느낄 수 없을 것이기에, 병사는 자기 없이는 파시스트들과의 싸움에서 이기지 못할까 봐 두려웠다. 아군 예비군이 이 두 독일 병사를 몰아내고 두 명의 우리 정찰병을 전장에서 데려왔다. 흙에 파묻혔던 병사는 숨이 돌아왔고 별 피해 없이 임무에 복귀했지만, 부상 후 고문당한 전사는 지금 병원에 입원해 있었다.

나는 쿠르트 포스에게 이 사건을 알고 있는지 물었다.

"오, 알죠! 오, 알아요!" 포스는 열심히 대답했다.

나는 이 세 사람의 작은 전투에서 비교하자면, 누가 더 고귀한 전사적, 인간적인 자질을 보여주고 있는지를 독일인에게 물었다.

"분명히, 우리 병사들이죠. 그들은 상처 하나 없이 탈출했으니. 당신 병사는 상처를 입고, 패배했소. 아마 죽을 수도 있을 겁니다. 이건 분명해요." 포스가 이렇게 말했다.

그는 분명함을 진리로 여기며 높이 평가했다.

"당신네 군인들은 왜 죽은 자를 고문하는가? 사실 그들은 우리 병사가 살아 있다는 것을 몰랐잖아?"

"그들은 몰랐소. 우리 군인들은 남을 잘 믿으니까……. 이건 훈련이었지. 우리 병사는 사람을 두려워하지 않는 법을 알아야 한다오. 그는 적을 한 번 죽이고, 다음에는 그가 완전히 세상에서 없어질 때까지 두 번 죽여야 하오. 우리에겐 적이 존재하지 않는다는 확신이 필요하오. 우리 병사는 러시아 적을 통제하는 법 역시 배우고 있소. 우리가 승리한 후 그는 행정관료가 될 것이오."

"죽은 자의 시신에 도대체 무슨 훈련을 하지? 당신들은 군인을 망나니로 육성하는 건가?"

"행정관료, 행정관료에겐 약간의 망나니 기질이 있어야 합니다. 이것이 권력의 뼈대라오. 우리에겐 분명하고 실용적이지. 인간의 몸을 두려워할 필요가 없소. 몸 안에는 물리학, 화학, 따뜻함, 추위가 있을 뿐, 무서운 것은 없지. 인간의 육체는 기계일 따름이오."

"그렇다면 독일인도 역시 기계지. 그러면 대체 전쟁의 의미가 무엇이란 말이야? 도대체 왜 싸우고, 왜 이기고 싶어 하지? 어떤 기계가 남든, 어떤 기계가 망가지든 상관없는 거 아닌가?"

"이해를 못 하시는군! 독일 기계가 더 좋은데 나쁜 기계가 왜 필요한가요? 당신네도 촛불이 아니라 전등을 사용하지 않소. 전기가 더 좋으니까." 포스가 말했다.

"도대체 독일 기계가 왜 다른 것보다 더 나은 건가?"

"곧 분명해질 거요. 독일인이 당신 땅을 점령하고 있는 것이지, 당신이 우리 땅을 뺏는 것이 아니야."

"전쟁이 끝나고 나면 더 분명해지겠지." 나는 그러한 피상적인 명료함에 당황하여 적에게 이렇게 말했다.

"당신 부대는 이전에 보로네슈 근처 어딘가에 있었나?" 나는 서류를 보며 이렇게 물었다.

"바로 보로네슈 그곳에 있었소." 포스가 정확히 말했다.

"그런데 당신들은 그곳에서 우리 민간인을 학살했지……."

"그건 합리적이었지. 우리는 식량 칼로리를 수동적으로 소비할 수 없었소. 당신들도 이제 보로네슈의 늙은이들을 먹여 살릴 필요가 없게 되었소……."

"당신에게도 노모가 있겠지?" 포스가 동요했다. 나는 그에게서 인간적 속성을 발견했다.

"어머니는 걱정하지 마. 우리 사령관이 말하기를 우리는 당신의 부모가 아니라 당신의 군대와 당신 나라와 전쟁 중이니까 말이야." 나는 적에게 약속했다.

"그가 그렇게 말했소?" 포스는 기뻐했다. 그는 수뇌부를 믿었기 때문이다.

이 쿠르트 포스에게는 인간의 일부가 존재했지만, 전체가 인간은 아니었다. 그는 2차원의 육체를 닮아 있었다. 그것은 존재할 수 없다. 그리고 포스가 전쟁에서 자신과 닮지 않은 사람들을 몰살할 때 잠시라도 지속되는 고통을 발견하지 못한다면 포스 역시도 존재할 수 없다. 그들은 하필 그들 자신에게 부족하고, 그것이 없으면 필연적으로 파멸하게 될 그것을 파괴하고 있다.

어둠 속에서 저 멀리 진리를 바라보려면 시력과 심장을 긴장시킬 필요가 있었는데, 그는 삶에 어둡고도 흐릿하게 나타나는 비밀과 심연을 허용하지 않았다. 그에게는 모든 것이 명확하고 분명했으며, 세계는 여전히 어두운 곳으로, "나쁜 기계"가 "좋은 기계"를 섬길 수 있도록 독일적인 합리성과 명확성이 필요한 곳이었다.

인간은 포스가 생각하는 것보다 훨씬 다양한 속성을 가지고 있다고 나는 말했다. 인간은 둥근 공이 가지고 있는 면만큼이나 많은 속성을 가지고 있다. 그러나 포스는 나를 전혀 이해하지 못했다. 그는 다른 존재를 거의 이해하지 못했다. 그는 이해하는 것이 아니라, 이해하기 힘든 것을 파괴함으로써 과제를 해결하는 그런 종류의 과학에 이끌렸고, 그렇게 배웠다. 나는 자기 자신을 넘어서, '명확하고 이해할 수 있는' 경계의 밖에서 무언가 중요한 것이 시작될 수 있다는 것을 그에게 설명할 수 없었다. 동물은 이해하지 못하면서도 자연의 다양성, 심오함, 그리고 중요성을 깊고 올바르게 느낀다. 그런데 이 인간은 자신과 자신을 닮은 자들을 제외하고는 다른 모든 것을 불필요하고 해로우며, 어리석고 또 적대적이라고 여겼다.

"우리는 불꽃으로 무장한 순수 이성 비판이오." 타자의 문장을 기억해낸 포스는 내게 이렇게 말했다.

"순수 이성이야말로 멍청한 것이지." 나는 그의 말을 잘랐다.

"순수 이성은 현실로 검증되지 않았기에, 그래서 그것이 '순수'한 것이다. 그야말로 순수한 거짓이자 텅 빈 영혼이지……."

나는 이제 포스를 지적인 백치라고 이해했다. 이런 인간 유형은 오래전부터 존재했고, 파시즘 이전에도 존재했지만, 그때는 국가가 아니었다.

그때 내 보좌관인 행정병 중위 니나 포드고로바가 취조실로 들어왔다. 그녀는 키가 크고, 선량하고 순진하며, 마치 자연 그 자체처럼 아름다운 젊은 여자였다.

쿠르트 포스의 얼굴에 막연한 두려움이 스쳤다. 그는 들어온 여자를 살펴보고 그녀에게 보이는 모든 것을 고찰한 후 음울한 무관심으로 몸을 움츠렸다. 그 여자의 자연스럽고 따사로운 생기는 그에게 낯설고 이해할 수 없는 것이었고, 그는 하늘이나 식물에 경탄할 수 없는 것처럼 그녀에게 경탄하지 않았으며, 지배하고 즐기기 위해 그녀를 손에 넣을 수 없다는 사실에 대해서 음침하게 아쉬워했다.

나는 쿠르트 포스에 대한 모든 흥미를 잃고 포드고로바에게 그를 데려가라고 명령했다.

그런 다음 나는 지금 보로네슈에서 어머니와 함께 땅굴에서 사는 소년을 생각했다. 아마도 포스는 소년의 아버지를 총살했던 전투 중대를 지휘했을 수 있다. 아이에게 파시스트(아버지의 살인자)는 비밀스럽고, 심지어는 의미 있는 존재였다. 아이는 자신의 지혜로운 영혼으로 그를 상상했지만, 파시스트에 대해 생각할 흥미로운 것은 아무것도 없었고, 그는 파괴하고 잊을 수 있을 따름이다.

나는 보로네슈에 두고 온 아이의 운명을 생각했다. 적대적이고 치명적으로 위협적인 세력은 그의 삶을 사막이나 어두운 바다 위 절벽 어딘가에 있는 돌에 피어나는 약한 나뭇가지처럼 보이게 만들었다. 그것은 바람에 찢기고 폭풍우에 휩쓸려 가지만, 그 가지는 파멸에 저항해야 하며 동시에 마주한 빈곤에서 양분을 섭취해 자라나고 강해지기 위해 자신의 살아 있는, 여전히 연약한 뿌리로 받침돌을 파괴해야 한다. 다른 구원은 없다. 이 연약한 가지는 바람과 파도와 돌을 견디고 극복해야 한다. 그 가지만이 유일한 살아 있는 것이며, 다른 모든 것은 죽은 것으로, 언젠가는 가지가 피울 무성하고 풍성한 잎사귀가 세상의 공허한 공기를 소리로 채울 것이며, 그때 폭풍은 노래가 될 것이다.

1943

로자 아가씨

Девушка Роза

「로자 아가씨 Девушка Роза」는 원래 「로자 Роза」라는 제목으로 1944년 『인터내셔널 문학 Интернациональная литература』 4호에 게재된 작품이다. 로자는 러시아어로 '장미'라는 뜻으로, 여주인공은 생명과 인간의 순수한 아름다움, 그리고 젊음의 체현이라고 볼 수 있다. 독일군의 포로로 잡혀 수용소에 갇힌 로자가 겪은 고문은 죽음보다도 더 끔찍한 것이었다. 학살당하여 불태워진 시신들 속에서 살아남아 반쯤 바보가 된 로자의 형상은 러시아에서 전통적으로 내려오는 바보 성자(유로지브이, Юродивый)를 연상시키는데, 동시에 죽음에서 부활한 메시아의 형상과도 닿아 있다. 몇 번의 총상과 고문에도 살아남은 그녀를 적들은 죽일 수 없었고, 로자는 스스로 들판으로 달려 나가 마침내 완전한 자유를 얻게 된다.

독일인이 포로와 함께 불태운 로슬라블 감옥의 벽에는 죽은 사람들이 남긴 짧은 낙서를 읽을 수 있다. "8월 17일, 명명일. 홀로 굶주린 채 갇혀 있고, 빵 200그램과 죽 1리터, 이것이 너에게 준비된 성찬이다. 1927년 출생. 세묘노프." 다른 죄수가 세묘노프의 이후 운명을 나타내는 한 단어를 여기에 추가했다. "총살당함." 옆 감옥의 죄수는 어머니에게 쓰고 있다.

"울지 마세요, 사랑하는 내 어머니. 울지 말고 통곡도 하지 마세요, 슬퍼하지 마세요. 엄마 혼자서 남아 있는 날도 길지는 않을 거예요. 이 끔찍한 길에서……. 나는 축축한 지하 감옥의 철창 안에 앉아 있어요. 오직 신만이 알고 있겠죠. 내 생각이 파도에라도 실려서 엄마에게 도달할지를. 내 심장을 눈물로 적시고 있어요."

그는 자기 이름을 남기지 않았다. 더는 이름이 필요 없었다. 그는 생명을 잃고 우리를 떠나 영원한 망각 속으로 떠나버렸기 때문이다.

같은 감방의 한쪽 구석에는 손톱으로 긁어서 쓴 것이 분명한 낙서가 있었다. "여기 즐로프가 수감됨."이라는 글이었다. 이것은 한 인간의 가장 짧고도 소박한 기록이었다. 이 세상에 즐로프라는 한 인간이 살았고, 지쳤으며, 그다음에 그는 로슬라블 감옥 마당에서 총살당했고, 글을 쓴 사람이 그의 뼈에서 나온 한 줌의 재 말고는 아무것도 남지 않도록 시체에 휘발유를 붓고 소각해버렸다. 그 재마저도 나중에는 흙과 섞이고 이름 없는 토양의 먼지로 사라질 것이었다.

즐로프의 비문 옆에는 누구인지 알 수 없는 로자라는 여자의 말이 새겨져 있었다. "나는 살아남고 싶어. 삶은 천국이야. 하지만 삶은 허락되지 않아. 나는 죽어가고 있어! 나는 로자."

그녀는 로자였다. 그녀의 이름은 벽에 칠해진 짙은 파란색 페인트에 핀이나 손톱 끝으로 새겨져 있었다. 신비한 나라들과 바다의 흐릿한 윤곽이 습기와 오랜 세월 때문에 페인트색에 나타났다. 죄수들이 감옥 벽의 어스름한 황혼을 바라보면서 상상으로만 가보았던 안개가 자욱한 자유의 나라 말이다.

이 여성 수감자 로자는 누구였으며 그녀는 지금 어디에 있을까? 여기, 이 감옥 안마당에서 숨이 멎었을까, 아니면 운명이 러시아의 자유로운 대지에서 다시 살도록 축복해서, 그녀는 다시 우리와 함께, 로자 자신이 그렇게 말했듯이 삶이라는 천국에서 살고 있을까? 그리고 즐로프는 또 누구였을까? 그는 자신에 대해 아무 말도 하지 않고 그런 사람이 세상에 살았다고 감옥 벽에 기록만 남겼다.

즐로프가 존재한 흔적을 찾을 수는 없었다. 하지만 로자는 고통받은 자들 가운데서도 가장 고통받은 죄수여서, 죽음을 피해 살아남은 몇 안 되는 사람들의 기억에 그녀의 운명은 잘 알려져 있었다. 총살형을 당하러 수용소 안마당으로 끌려가는 죄수들은 로자의 운명을 기억하면서 자신을 위로했다. 그녀는 한 번 총살형을 당해 쓰러졌지만, 그래도 숨이 끊어지진 않았다. 쓰러진 그녀의 육신 위로 독일군들은 다른 시체들을 쌓은 후 짚으로 덮고 휘발유를 끼얹은 다음 죽은 자들을 불태웠다. 그러나 로자는 죽지 않았다. 두 발의 총알은 그녀의 몸을 뚫었지만 치명상을 피해 지나갔고, 그녀 위로 죽은 자들의 시체가 겹겹이 쌓였기에 로자는 불 속에서도 타지 않았다. 그녀는 살아남았으며 정신이 들자 어스름한 밤에 켜켜이 쌓인 죽은 자들의 시체 밑에서 간신히 빠져나와서 폭격으로 무너진 감옥 울타리를 통해 밖으로 나왔다. 그러나 낮이 되자 파시스트들은 다시 시내에서 로자를 체포해 감옥에 가두었다. 그리고 그녀는 두 번째 죽음을 기다리면서 다시 감옥에 갇혀 살기 시작했다.

로자를 본 적이 있는 사람들은 그녀가 그 자체로 아름다웠으며, 우울하거나 슬픈 인간들이 기쁨과 위로를 얻기 위해 일부러 상상해낸 인물이라고 해도 믿을 정도로 선한 사람이었다고 말했다.

로자는 가늘고 곱슬곱슬한 검은 머리와 신뢰하는 영혼의 내면으로부터 빛을 발하는, 커다란, 어린아이의 것 같은 회색 눈을 가졌으며, 얼굴은 사랑스러웠고, 감옥 생활과 굶주림 때문에 부었지만 부드럽고 깨끗했다. 로자는 키가 크지 않았지만, 소년처럼 강했고 손재주가 있었다. 그녀는 옷을 만들 줄 알았고, 이전에는 전기 기사로 일했다. 그녀는 이제 불행을 견디는 것 이외에는 할 일이 없었다. 그녀는 열아홉 살이 되었는데, 제 나이보다 더 들어 보이지는 않았다. 그녀는 슬픔을 극복할 줄 알았으며, 슬픔이 자신을 늙거나 망치도록 그대로 두지 않기 때문이었다. 그녀는 살고 싶었다.

로자는 로슬라블 감옥에서 두 번째 죽음을 기다렸지만, 죽지 않았다. 독일인들이 로자를 사면한 것이다. 독일인들은 사람을 한 번 죽이고 나면 더는 그와는 어떤 일도 할 수 없고, 더는 그 위에 군림하는 것이 불가능함을 깨달았다. 독일인들은 지배 없이 사는 게 재미없었고 또 그게 이익이 되지도 않았다. 독일인들에겐 자기 옆에 존재할 사람이 필요하지만, 절반 정도의 생명만을 지닌 채 존재할 필요가 있었다. 지혜가 어리석음이 되고, 심장은 기쁨이 아니라 소심함으로 두

근대고, 살도록 명령받았을 때 오히려 두려움으로 죽게 되는 그런 사람들이 그들에겐 필요했다.

로자는 심문관의 수사를 받기 위해 소환되었다. 심문관은 마치 로자가 전체 소비에트 권력이기라도 한 것처럼 그녀가 로슬라블시와 러시아인의 삶에 대해 모든 것을 알고 있다고 확신했다. 로자는 모든 것을 알지도 못했고, 알고 있는 것을 말할 수도 없었다. 그녀는 심문실에서 '뮌헨 맥주를 마시고 데운 소시지를 대접받고 새 드레스를 입었다'. 심문관은 수감자들이 '이 세계의 주인'이라고 불렀던 자기 부하들에게 명령을 내렸는데, 그녀에게 대접할 음식을 이렇게 표현했던 것이다. 그들은 로자를 위해 모래를 가득 채운 맥주병을 가져와 그녀의 가슴과 배를 그 병으로 마구 때려서 미래의 모성이 그녀에게서 영원히 얼어붙도록 만들었다. 그런 다음, 뼈까지 불타는 듯한 고통이 느껴지도록 잘 휘어지는 쇠 막대기로 그녀를 채찍질했고, 그녀의 호흡이 잦아들고 의식이 이미 사라지려 할 때, 로자에게 '새 드레스를 입혀줬다'. 그녀의 몸을 튼튼한 검은 전깃줄로 꽁꽁 감아서 싸맨 것이었다. 전선은 근육과 갈비뼈 사이를 파고들어 가서, 피와 죽음 직전 내뿜는 차가운 습기가 죄수의 몸에서 점차로 스며 나왔다. 그런 다음 그들은 로자를 독방으로 다시 끌고 가서 시멘트 바닥에 던져 두었다. 그녀는 심문관과 '이 세계의 주인' 모두를 피곤하게 만들었다.

독일인들이 무엇을 더 할 수 있을까? 살아 있는 러시아 소녀는 그들에게 복종하지 않았다. 그녀를 즉시 죽일 수도 있었지만 죽은 자를 지배하는 것은 무의미했다.

이 러시아의 로자는 자신의 생명, 그리고 그와 동등한 죽음으로 전쟁, 권력, 지배 및 인류의 '새로운 조직'의 전체 의미에 의문과 비판을 제기했다. 그런 속임수는 참을 수 없다. 진정 독일 병사들이 목적도 없이 헛되이 러시아 땅에 쓰러졌단 말인가?

독일군 심문관은 로슬라블 감옥에서 생각에 잠겼다. 독일 국민이 다른 모든 기타 민족의 거대한 무덤 위에 홀로 남는다면, 과연 누구를 지배할 수 있을 것인가?

심문관은 자기의 행복한 업무 기분을 망치게 되자, 맡긴 일들을 즉각 잘 수행하기에 '퀵 한스'라는 별명으로 불리는 한 부하를 불러들였다. 요한 포흐트는 이전에 소련에 꽤 오래 살아서 러시아어를 잘 알았다. 심문관은 퀵 한스에게 먼저 보드카를 가져오라고 명령한 다음, 사람이 살아 있지는 않지만 죽지도 않도록 하려면 인간을 어떻게 조직해야 하는지 방법을 물었다.

"별것 없습니다!" 한스는 질문을 즉시 이해하고 대답했다.

심문관은 술을 마셨고 기분이 가벼워졌다. 그러자 그는 감방에 있는 로자에게 가서 그녀가 살았는지 죽었는지 확인하라고 한스에게 명령했다.

한스는 독방으로 갔다가 돌아왔다. 그는 로자가 스스로 숨을 쉬고 있으며, 잠들었고, 꿈속에서 미소를 짓고 있다고 보고했으며, 다음과 같이 자신의 의견을 덧붙였다.

"그렇지만 그녀는 웃으면 안 됩니다!" 심문관 역시 로자가 웃어선 안 되고, 살려 둘 필요도 없지만, 만약 죽인다면 살아 있는 노동력에 손실이 되고, 나머지 시민들에 대한 교화 효과도 적을 것이기에 그녀를 죽이는 것도 손해라는 데 동의했다. 심문관은 사람들에게 공포감을 조성할 수 있는 살아 있는 영구적인 예시이자, 복종하지 않는 모든 사람에게 보여줄 수 있는 끔찍한 고통의 모델을 로자로부터 만들 필요가 있다고 여겼다. 죽은 자는 그러한 유용한 책무를 수행할 수 없고, 그들은 산 자들의 동정심을 불러일으키고 그들을 무모한 용기로 이끌 따름이기 때문이다.

"반쯤 죽여놔야겠군요!" 퀵 한스는 이렇게 말했다. "반편이로 만들면 되죠. 뭐……."

"반편이라니, 그게 뭐야?" 심문관이 물었다.

"일단 바보로 만들지요." 한스는 자기 머리를 가리키며 말을 이었다. "손으로 정수리 숨구멍을 눌러보고, 필요하면 도구도 사용하고요."

"그럼 로자는 죽고 말걸." 심문관이 말했다.

"숨을 쉴 겁니다." 퀵 한스가 확신하며 말을 이었다. "일단 숙련된 이 손으로, 죽을 정도로 꽉 누르지는 않을 겁니다······."

'이자는 작은 총통 각하가 되겠군.' 심문관은 한스에 대해 이렇게 판단하면서, 그렇게 실시하라고 명령했다.

다음 날 아침이 되자 로자는 감옥에서 풀려났다. 그녀는 오래전 당했던 최초의 구타로 인해 이미 누더기가 되었던 옷을 입고, 맨발로 나왔는데 감옥 창고에서 신발을 잃어버렸기 때문이었다. 이미 가을이었지만 로자는 선선한 가을의 계절을 느끼지 못했다. 그녀는 아름다운 열린 얼굴에 행복하고 소심한 미소를 지으며 로슬라블 거리를 따라 걸었지만, 그녀의 시선은 흐릿하고 무심했으며, 그 눈은 졸린 듯 빛을 응시하고 있었다. 로자에겐 이전과 마찬가지로 모든 것이 정확히 보였다. 그녀 눈에는 땅과 집들 그리고 사람들이 보였다. 다만 그녀는 이것이 무엇을 의미하는지 이해하지 못했고, 그녀의 심장은 모든 현상 앞에서 사라지지 않는 공포에 짓눌렸다.

로자는 가끔 자신이 긴 꿈을 꾸고 있다고 느꼈는데, 흐릿하고 불확실한 기억 속에서도 그녀는 모든 것이 이해되고 또 두렵지 않은 다른 세계를 상상했다. 이성이 마비되어 지쳐버린 로자는 이제 겁에 질려서 마주하는 모든 사람과 사물에 미소를 지어 보였다. 그녀는 잠에서 깨어나고 싶어서 갑자기 내달렸다. 그러나 악몽은 그녀를 따라갔고, 굳어버린 그녀의 머리는 깨어나지 않았다.

로자는 낯선 사람의 집으로 들어갔다. 그곳 살림방에는 성모 마리아 성상 앞에서 기도하는 노파가 있었다.

"로자는 어디 있어요?" 로자가 이렇게 물었다. 그녀는 자기가 누구인지 기억도 하지 못한 채, 생기 있고 건강했던 자신을 막연히 보고 싶어 했다.

"대체 여기서 왜 로자를 찾는 거냐?" 늙은 여주인이 화를 내며 말했다.

"로자가 있었어요." 무기력하고 순진하게 로자는 이렇게 말했다.

노파가 손님을 바라보았다.

"로자가 있었다는 말은 지금은 없다는 거네……. 너의 로자가 어디 있는지 파시스트들에게나 물어봐. 거기서는 모든 주민을 한 명 한 명 다 셈해 두지, 사람들이 더 많이 없어졌으면 하고 말이야."

"당신은 화만 내는 나쁜 할머니군요!" 로자는 또렷하게 이렇게 말했다. "로자는 살아 있었어요, 나중에 들판으로 나갔지만, 곧 돌아올 거예요."

그때야 노파는 거지 손님을 물끄러미 바라보고 그녀에게 말했다.

"자, 여기 내 옆에 앉아보렴, 딸아."

로자는 고분고분 말을 들었다. 노파는 로자에게 다가가 그녀의 옷을 만져보았다.

로자 아가씨 **149**

"아이고, 이 불쌍한 것!" 노파는 또 다른 슬픔을 안고 눈물을 흘렸다. 로자가 노파에게 그 슬픔을 상기시킨 것이다.

노파는 로자의 옷을 벗기고 감옥의 때를 씻겨주고 상처에 붕대를 감아준 다음, 자기가 처녀 시절 입었던 드레스를 입히고 펠트 장화를 신겨서 그녀를 신부처럼 꾸며주었다. 그리고 집에 있는 것들로 그녀를 잘 거둬 먹였다.

로자는 그 무엇에도 기뻐하지 않았으며, 저녁 무렵이 되자 그 착한 노파의 집을 떠났다. 그녀는 로슬라블시의 경계까지 갔지만, 도시를 빠져나갈 출구를 찾지 못하고 아무 생각도 없이 거리를 돌아다녔다.

밤이 되자 순찰대가 로자를 다시 체포해서 사령관 사무실로 데려갔다. 그들은 로자에 대해 보고했으며, 다음 날 아침, 아름다운 드레스와 펠트 장화를 벗긴 다음 그녀를 석방했다. 그들은 체포된 다른 수감자의 누더기를 그녀에게 입으라고 주었다. 누가 로자에게 새 옷을 입히고 신을 신겼는지 그들은 끝내 알아낼 수 없었다. 로자가 대답하지 않았기 때문이다.

다음 날 밤에 로자는 다시 사령관의 사무실로 끌려갔다. 이번에 그녀는 외투를 입고 머리에 따뜻한 스카프를 두르고 있었으며, 신선한 공기를 쐬고 영양가 있는 음식을 먹어서 얼굴색이 훨씬 좋아 보였다. 도시에 살아남은 사람들이 로자를 잘 돌보고 사랑해준 것이 분명했다. 모든 불행한, 마음에 희망이 사라진 사람들을 사로잡는 영웅적인 진실로서 말이다.

로자 자신은 이에 대해 아무것도 몰랐으며, 단지 도시를 떠나서 저 먼 곳으로, 그녀 눈에 보이기로는 도시 너머 그다지 멀지 않은 곳에서 시작되는 푸른 하늘로 가고 싶어 했을 따름이었다. 그곳은 깨끗하고 광활하며, 멀리까지 볼 수 있었다. 그리고 그녀가 힘겹고도 슬프게 기억했던 그 로자, 바로 그 로자가 그 언저리를 걷고 있었는데, 거기선 그녀를 따라잡을 수도, 그녀의 손을 잡을 수도 있을 것이다. 그 로자는 결코 머리도 아프지 않았으며, 이 세상에 존재했지만, 이제는 잊어버리고 알아볼 수조차 없는 사람들과의 이별에 마음 졸이지 않아도 될 그곳, 바로 이전에 그녀가 있었던 그곳으로 로자를 데려다줄 것이다.

로자는 행인들에게 자기를 들판으로 데려가 달라고 부탁했다. 그녀는 그곳까지 가는 길을 기억하지 못했다. 하지만 사람들은 그녀를 자기네 집으로 데려가서 음식을 먹이고, 진정시키며 쉬도록 해주었다. 로자는 모든 사람의 말을 잘 들었고, 그들이 시키는 대로 했지만, 그러고 나면 마치 하늘처럼 광활하고 저 멀리까지 보이는 깨끗한 들판으로 자기 손을 잡고 데려다 달라고 부탁했다.

한 어린 소년이 로자의 부탁을 들어줬다. 그는 그녀의 손을 잡고 큰길을 지나 들판으로 그녀를 데려갔다. 그다음부터 로자는 혼자서 걸어갔다. 두 명의 독일 보초가 근무하고 있는 도로 초소에 도착하자 로자는 그들 옆에 걸음을 멈췄다.

"퀵 한스, 너 나를 또 죽일 거야?" 로자가 물었다.

"이런 반편이!"

한 독일 병사가 러시아어로 이렇게 말했고, 다른 병사는 기관총으로 로자의 등을 내려쩍었다.

그러자 로자는 그들로부터 저 멀리 달아났다. 그녀는 잡초가 무성한 들판으로 달려가서 오랫동안 그곳을 뛰어다녔다. 독일인들은 로자가 가는 쪽을 바라보고선 그녀가 그들에게서 그렇게나 멀리 도망갔고, 또 그 반편이가 아직도 살아 있다는 사실에 놀랐다. 그곳은 지뢰밭이었다. 그리고 그들에겐 반편이 로자가 죽음을 맞이하는 순간의 빛이, 그 순간적으로 명멸하는 섬광이 보였다.

1944

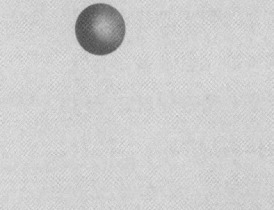

니키타
Никита

이 단편은 잡지 『신세계Новый мир』에 1945년 발표되었다. 작가는 '전쟁 산문'에서 아버지의 부재로 가장이 된 아이들의 모습을 자주 그려냈다. 아버지를 잃고 세상과 맞서서 어른이 되어야 했던 아이들의 모습은 플라토노프의 초기 작품에서부터 반복되는 중요한 모티브이다. 그중에서도 「니키타Никита」는 사랑스러운 동화 같은 작품으로, 드물게 행복한 결말을 보여준다. 전쟁터에 나간 아버지와 들판에 일하러 간 엄마를 대신해 홀로 집을 지키는 니키타에겐 일상의 공간과 사물도 낯설고 두려운 공포의 대상으로 보인다. 헛간의 통 안에는 작은 사람이 사는 것 같고, 수탉도 나무 그루터기도 살아 있는 사람처럼 니키타를 위협한다. 하지만 아버지가 돌아오면서 모든 사물이 제자리를 찾아가고, 니키타가 마침내 안도하는 모습은 그 어떤 반전 서사보다도 웅변적이다. 전후의 중편 「귀향Возвращение」에서도 작가는 전쟁 때문에 일찍 어른이 되어버린 소년이 아버지 앞에서 다시 눈물 흘리는 아이가 되는 모습을 보여준다. 종전 무렵부터 집필된 이런 작품들에는 일상의 회복에 대한 작가의 염원이 드러난다.

아침 일찍 어머니는 들판으로 일하러 가셨다. 이 가족에겐 아버지가 없었다. 아버지는 중요한 일을 하러, 즉 전쟁터로 오래전에 떠났고, 아직 돌아오지 않았다. 어머니는 매일 아버지가 돌아오기를 기다렸지만, 아버지는 여전히 없었고 지금도 없다.

오두막집과 마당에는 5살 된 니키타가 혼자 주인으로 남았다. 집을 나서며 어머니는 마당에 불을 피우지 말고, 암탉이 마당 구석구석과 울타리 아래 여기저기 낳아둔 달걀을 모아둘 것, 그리고 남의 집 수탉이 안마당에 들어와서 우리 수탉과 싸우지 않도록 잘 살필 것, 그리고 식탁에 있는 빵과 우유로 점심을 먹으라고 니키타에게 당부했다. 그러면 저녁에 어머니가 돌아와서 따뜻한 저녁 식사를 만들어줄 것이라고 말이다.

"응석 부리면 안 돼, 니키투슈카,* 아버지가 없으니까. 이제 네가 똑똑해져야 해. 여기 오두막과 마당에 우리 집 전 재산이 다 있으니까 말이야." 어머니가 말했다.

"난 똑똑해. 우리 전 재산이 여기 다 있고, 아빠는 없어. 그래도 엄마 빨리 와야 해. 안 그러면 무서워……" 니키타가 이렇게 말했다.

"무서울 게 뭐가 있어? 하늘에는 해가 빛나고, 들판엔 온통 사람들이 북적거리는데. 겁내지 말아. 혼자 얌전히 있으면 괜찮아……"

"그래, 그래도 해는 멀리 있잖아. 게다가 구름이 가리잖아." 니키타가 이렇게 대답했다.

혼자 남겨진 니키타는 조용한 오두막 전체를 한 바퀴 돌았다. 헛간, 그리고 러시아 페치카가 있는 다른 방을 보고는 현관 통로로 나갔다. 현관에는 커다란 살진 파리들이 윙윙거렸고, 거미는 거미줄 한쪽 구석에서 졸고 있었으며, 참새가 문지방을 넘어 들어와서 오두막 땅바닥에서 곡식 알맹이를 찾고 있었다.

니키타는 참새도, 거미도, 파리도, 그리고 마당의 닭들도 모두 알고 있었다. 그는 이미 그들에게 싫증이 났고, 그들 때문에 지루했다. 그는 이제 자신이 몰랐던 것을 알고 싶었다. 그래서 니키타는 마당으로 나가서 빈 드럼통이 놓여 있는

---

* 니키투슈카(Никитушка)는 주인공 니키타의 애칭.

어두운 창고로 갔다. 이 통 안에는 어떤 작은 사람이 사는 것 같았다. 그는 낮에는 자고, 밤에는 밖에 나가서 빵을 먹고, 물을 마시고 또 뭔가에 대해 생각하고, 아침이 되면 다시 통 속으로 숨어 들어가 잠을 잘 거다.

"난 너를 알고 있어, 너 거기 살고 있잖아." 니키타는 발을 곧추세우고 일어서서, 어둡고 울리는 통 속을 향해서 이렇게 말한 다음 주먹으로 드럼통을 두드렸다.

"일어나, 잠자지 마, 게으름뱅이! 겨울에는 뭘 먹을 거야? 잡초를 뽑으러 가, 그럼 너한테도 근로 휴일을 줄 거야!"

니키타는 귀를 기울였다. 드럼통 안은 조용했다. '죽은 걸까?' 니키타는 생각했다. 그런데 통 속에서는 나무 도구들이 삐걱대는 소리가 났고, 놀란 니키타는 이 죄스러운 생각에서 벗어났다. 이 소리는 통 속에 사는 사람이 옆으로 돌아눕거나 아니면 일어나서 자신을 쫓아오려고 하는 거라고 니키타는 이해했다.

그런데 드럼통 속에 사는 사람은 어떤 사람일까? 니키타는 상상 속에서 금세 그를 그려보았다. 그는 작고, 생기 있는 사람이었다. 수염이 길어서 밤에 걸을 때면 땅에 닿을 정도였고, 그래서 의도치 않게 수염으로 쓰레기와 짚을 쓸고 다녔을 것이며, 그래서 헛간에는 깨끗하게 길이 나 있는 것이리라.

어머니는 최근에 가위를 잃어버렸다. 분명 그가 수염을 다

듣기 위해 가위를 가져갔음이 틀림없다.

"가위 내놔! 곧 아버지가 전쟁터에서 돌아오면, 모든 걸 도로 뺏을 거야. 아빠는 널 겁내지 않아. 내놔!" 니키타가 다그쳤다.

드럼통은 침묵했다. 마을 너머 저 멀리 숲에서 누군가가 비웃는 듯한 소리가 났고, 통 안에서 사는 작은 사람도 검고 무서운 목소리로 그에게 대답했다.

"나 여기 있지!"

니키타는 헛간에서 마당으로 뛰쳐나갔다. 착한 태양이 하늘에서 빛났고, 구름이 지금은 태양을 가리지 않았기에, 놀란 니키타는 자기를 지켜줬으면 하고 태양을 바라보았다.

"통 속에 사람이 살고 있어요!" 니키타가 하늘을 바라보며 말했다.

착한 태양은 여전히 하늘에서 빛나고 따뜻한 얼굴로 그를 돌아보았다. 니키타는 태양이 흡사 살아생전 자기를 바라볼 때 항상 따스한 미소를 지어주던 돌아가신 할아버지를 닮은 것처럼 그렇게 느껴졌다. 니키타는 할아버지가 이제 태양에서 살고 계신다고 생각했다.

"할아버지, 어디 있어요? 거기 살아요?" 니키타가 물었다. "그러면 거기 그냥 사세요. 나는 여기서 엄마랑 살게요."

마당 울타리 뒤에 우엉과 쐐기풀이 무성하게 자라난 곳에 우물이 있었다. 집단 농장에서 더 좋은 물이 나오는 다른 우물을 팠기 때문에, 이 우물에서는 오랫동안 물을 기르지 않았다.

이 귀먹은 우물의 깊은 곳, 지하의 어둠 속에 깨끗한 하늘과 태양 아래로 흘러가는 구름이 비치는 맑은 물이 보였다. 니키타는 우물가에 몸을 기대고 이렇게 물었다.

"왜 거기 살아요?"

그는 우물 밑바닥에 키 작은 수중 인간들이 살고 있다고 생각했다. 그는 그들이 어떤 사람인지 알았으며, 꿈에서 그들을 보고, 잠에서 깬 후 그들을 잡으려고 했지만, 그들은 풀밭을 지나 우물로, 자기들 집으로 도망쳤다. 그들은 참새 정도의 크기였으나, 살찌고 털이 없고, 축축하게 물에 젖은 해로운 존재들이었다. 그들은 니키타가 자고 있을 때, 그의 눈알을 먹으려 했을 것이다.

"내 눈 줄게요!" 니키타가 우물 속을 들여다보며 말했다.

"왜 거기 사세요?"

우물 안의 물이 갑자기 진흙탕이 되었고, 거기서 누군가가 첨벙대는 소리가 들렸다. 니키타는 비명을 지르려고 했지만, 목소리가 나오지 않았다. 그는 두려움에 얼어붙었다. 몸이 덜덜 떨리기만 하고 흡사 심장이 멈춘 것 같았다.

'여긴 아직 거인과 그의 아이들이 살고 있나 봐!' 니키타는 그렇게 생각했다.

"할아버지!" 그는 태양을 올려다보고 큰 소리로 외쳤다.

"할아버지, 거기 있어요?" 그리고 니키타는 집으로 다시 달려갔다.

헛간에서 그는 정신이 들었다. 헛간 흙벽 아래로 두 개의 구멍이 나 있었다. 거기도 역시 비밀스러운 거주민들이 살고 있었다. 그럼 도대체 그들은 또 누구일까? 아마도 뱀일 거야! 그들은 밤이 되면 기어 나와서 오두막으로 들어가서, 꿈에서 어머니를 물 것이고, 그럼 어머니는 죽을 거다.

니키타는 서둘러 집으로 달려가서, 식탁에서 빵 두 조각을 가지고 돌아왔다. 그는 구멍 앞에 각각 빵조각을 놓아두고 뱀에게 말했다.

"뱀아, 이 빵을 먹고, 밤이 돼도 우리 집엔 오지 마."

니키타는 주위를 둘러보았다. 마당에는 오래된 나무 그루터기가 있었다. 그것을 들여다본 후 니키타는 그것 역시도 사람의 머리라는 사실을 알게 되었다. 그루터기에는 눈, 코, 입이 있었는데, 그루터기는 니키타에게 조용히 미소를 지었다.

"너도 거기 사는구나?" 소년이 이렇게 물었다. "거기서 나와서 우리 마을에서 같이 살자. 농사도 짓고."

그루터기는 대답 대신 으르렁댔는데, 그의 얼굴은 화가 난 것 같았다.

"알았어, 나오지 마, 안 와도 돼, 거기서 살아!" 겁에 질린 니키타가 이렇게 말했다.

이제 온 마을이 조용했고 누구의 목소리도 들리지 않았다. 엄마는 멀리 들판에 계시니 엄마에게 달려가기는 힘들었다. 니키타는 화난 그루터기를 남겨 두고 현관방으로 들어갔다. 그곳은 무섭지 않았다. 어머니는 얼마 전까지 그곳에, 집에 계셨다. 오두막은 이제 더워졌다. 니키타는 어머니가 남겨 둔 우유를 마시고 싶었지만, 탁자를 보니, 이 탁자도 다리가 4개에 팔이 없는 사람이라는 걸 알아차렸다.

니키타는 현관을 통해 밖으로 나갔다. 마당과 우물 뒤로 멀리 오래된 사우나가 있었다. 사우나는 그을음이 새카맣게 질 정도로 자주 데워졌고, 할아버지가 살아계실 때 거기서 목욕하는 걸 좋아했다고 어머니는 말했다.

사우나 건물은 낡고 온통 이끼로 뒤덮인 지루한 오두막이었다.

'이건 우리 할머니야. 할머니는 돌아가신 게 아니라, 사우나 오두막이 되었어!' 니키타는 무서운 나머지 할아버지의 사우나에 대해서 이렇게 생각했다.

'봐, 이렇게 살아 있지, 머리도 있고, 이건 굴뚝이 아니라 머리라고. 저기 머리에 입을 벌리고 있네. 일부러 사우나인 척하지만, 사실은 사람이지! 난 알고 있어!'

낯선 수탉이 집 마당으로 들어왔다. 수탉은 이웃 마을의 결혼식에 가기 위해, 봄에 물이 불어서 수위가 높아진 강을 헤엄쳐 건너가다 강물에 빠져 죽었던 수염 난 여윈 목동의 얼굴을 닮았다.

니키타는 목동이 죽고 싶지 않아서 수탉이 되었다고 생각했다. 말하자면 이 수탉도 역시 사람인데, 다만 그건 비밀일 따름이다. 여기저기에 사람들이 있었는데, 다만 그들은 사람처럼 보이지 않았다.

니키타는 노란 꽃을 보고 몸을 숙였다. 이 꽃은 누구일까? 니키타는 꽃을 바라보면서 그 동그란 얼굴에 서서히 사람의 표정이 나타나고, 작은 눈과 코, 살아 있는 숨결이 느껴지는 촉촉한 입이 점차로 나타나는 것을 알아챘다.

"그런데 난 네가 정말 꽃인 줄 알았어!" 니키타가 말했다. "잠깐, 네 속에 뭐가 있는지 한번 보자. 내장도 있는 거야?"

니키타는 꽃의 몸통인 줄기를 잘랐는데, 그 안에는 우유 같은 액체가 있었다.

"넌 어린 아기였구나. 아마도 엄마 젖을 빨아 먹었나 봐!" 니키타는 놀랐다.

그는 낡은 사우나로 갔다.

"할머니!" 니키타는 조용히 말했다.

그러나 할머니의 얽은 얼굴은 낯선 사람을 보는 것처럼 니키타를 향해 화난 표정을 지었다.

'할머니가 아니라, 모르는 사람이야!' 니키타는 이렇게 생각했다.

울타리를 엮은 말뚝들도 흡사 많은 모르는 사람들의 얼굴처럼 니키타를 바라보았다. 그 각각의 얼굴은 낯설었고, 그를 좋아하지 않았다. 하나는 화난 듯 얼굴을 찡그렸고, 다른 하나는 니키타를 나쁘게 생각했으며, 세 번째 말뚝은 울타리에 바싹 마른 팔을 걸친 채 니키타를 쫓아 울타리에서 기어 나오려고 했다.

"왜 다들 여기 살아요? 여기는 우리 집 마당이에요!"

그러나 사방에서 낯선 사람들의 흉포한 얼굴은 움직이지도 않고 니키타를 또렷하게 바라보았다. 그는 우엉 풀을 바라봤다. 그들이라도 친절해야만 한다. 하지만 이제는 우엉도 음울하게 커다란 고개를 절레절레 흔들었으며, 그를 좋아하지 않았다.

니키타는 땅에 누워 얼굴을 바닥에 가져다 댔다. 땅속에서 웅얼거리는 목소리가 울렸는데, 그곳에는 분명 갑갑한 어둠 속에서 많은 사람이 살고 있었다. 햇살이 비치는 바깥으로 빠져나가기 위해 손으로 서로를 할퀴는 소리가 들렸다. 니키타는 여기저기에 누군가가 살고 있고, 모르는 낯선 사람들의 눈이 사방에서 그를 쳐다보고 있다는 두려움에 벌떡 일어섰다. 그를 보지 못하는 사람은 지하와 구멍, 그리고 헛간의 새카만 처마 밑에서 그에게로 기어 나오고 싶어 했다. 그는 오두막 쪽으로 몸을 돌렸다. 오두막은 먼 마을에서 손님으로 온 늙은 아주머니처럼 그를 바라보며 속삭였다.

'아이고, 뭐 하러 밥벌레를 낳았대, 빵이나 축내고 있구나.'

"엄마, 집에 돌아와!" 니키타는 멀리 있는 어머니에게 부탁했다.

"조퇴서류 받아서 빨리 와. 우리 집에 모르는 사람들이 살고 있어. 내쫓아야 해!"

어머니에겐 아들의 말이 들리지 않았다. 니키타는 헛간 뒤로 갔다. 그는 그루터기 머리가 땅속에서 나오지는 않는지 살펴보고 싶었다. 그루터기는 입이 커서 텃밭에 있는 양배추를 다 먹어버릴 텐데, 그럼 겨울이 오면 어머니는 뭐로 양배추 수프를 끓일까?

니키타는 텃밭에 있는 그루터기를 멀리서 소심하게 바라보았다. 주름진 나무껍질로 덮인 우울하고 사람을 닮지 않은 얼굴이 눈도 깜박이지 않고 니키타를 바라보았다.

그런데 저 멀리 마을 너머 숲에서 누군가가 큰 소리로 고함쳤다.

"막심, 너 어디 있느냐?"

"땅속에 있지!" 그루터기 머리가 둔중하게 대답했다.

니키타는 들판에 있는 어머니에게로 도망가려고 돌아섰지만 넘어지고 말았다. 그는 두려움에 사로잡혔다. 그의 발은 이제 다른 사람의 발 같았고, 마음대로 움직이지 않았다. 그러자 니키타는 걷지 못하는 어린 아기처럼 기어갔다.

"할아버지!" 니키타는 속삭이면서 하늘에 있는 착한 태양을 바라보았다.

구름이 빛을 가려서 태양은 이제 더는 보이지 않았다.

"할아버지, 우리랑 살게 다시 돌아와요!"

마치 연약한 손자가 땅을 기어가는 것을 보려고 할아버지가 자기 얼굴에서 어두운 그림자를 치운 것처럼, 할아버지 해님이 구름 뒤에서 나타났다. 할아버지가 지금 그를 보고 있었다. 니키타는 할아버지가 그를 보고 있다고 생각했으며, 일어나서 어머니에게로 달려갔다.

그는 오랫동안 달렸다. 그는 먼지투성이의 텅 빈 길을 따라서 마을 끝까지 달려갔으며, 그러다가 지쳐서 마을 변두리 어느 헛간 그늘에 털썩 주저앉았다.

니키타는 잠시 앉아 있었다. 그러나 무심코 머리를 땅에 대자 그대로 잠들었으며, 저녁이 되어서야 잠이 깼다. 새로운 목동이 집단 농장의 소 떼를 몰아가고 있었다. 니키타는 저 멀리 들판으로, 어머니에게 가려고 했지만, 이미 시간이 늦었기에 니키타의 어머니는 들판에서 집으로 돌아간 지 오래되었다고 양치기가 말해주었다.

집에서 니키타는 어머니를 보았다. 그녀는 식탁에 앉아 있었는데, 빵을 먹으며 우유를 마시는 한 늙은 군인에게서 눈을 떼지 못했다.

군인은 니키타를 보자 의자에서 벌떡 일어나서 그를 팔에 안았다. 군인에게서는 온기, 착하고 온순한 빵과 흙의 냄새가 났다. 니키타는 부끄러워서 입을 다물었다.

"안녕, 니키타. 벌써 오래전에 나를 잊어버렸군. 네게 키스하고 전쟁터에 나갔을 땐, 아직 젖먹이였는데. 하지만 아빠는 널 기억해, 죽을 뻔했어도 기억했지." 군인은 이렇게 말했다.

"니키투슈카, 아버지가 집에 돌아왔어." 어머니가 앞치마로 눈물을 닦으며 이렇게 말했다.

니키타는 아버지를 바라보았다. 그의 얼굴과 손, 가슴의 메달을 바라보고, 그의 셔츠에 달린 선명한 색의 단추를 만졌다.

"아빠, 우리를 또 떠나진 않을 거죠?"

"그래. 이제 너랑 백 년은 같이 있을 거야. 적들을 다 없앴으니, 지금은 너랑 네 어머니만 생각할 때야……."

다음 날 아침이 되자 니키타는 마당으로 나가서 마당에 사는 모든 이들, 우엉과 헛간, 울타리의 말뚝과 텃밭의 그루터기와 할아버지의 사우나에게 큰 소리로 말했다.

"아버지가 돌아왔어. 아버지는 우리랑 오래오래 백 년 동안 살 거야."

마당에서는 모두 침묵했다. 모두가 군인인 아버지를 무서워하는 게 분명했다. 지하도 역시 고요했으며 아무도 거기에서 양지로, 밖으로 나오려고 몸부림을 치지 않았다.

"이리 와, 니키타. 너 거기서 누구랑 얘기하고 있니?"

아버지는 헛간에 있었다. 그는 집에 있는 도끼, 삽, 톱, 대패, 바이스, 작업대 등 다양한 철물 농기구들을 이리저리 살펴보고 있었다.

일을 마친 아버지는 니키타의 손을 잡고 어디에 무엇이 있는지, 어떻게 있는지, 뭐가 멀쩡하고 뭐가 망가졌는지, 뭐가 필요하고 또 필요하지 않은지를 두루 살피면서 그와 함께 마당을 걸어 다녔다.

니키타는 어제와 마찬가지로 마당에 있는 모든 생물의 얼굴을 들여다보았지만, 이제 그 어떤 것에서도 비밀의 인간을 볼 수 없었다. 눈과 코와 입, 그리고 악한 생명을 가진 사람은 아무도 없었다. 울타리의 말뚝은 바싹 마른 두꺼운 막대기에 불과한 눈먼 무생물이었고, 할아버지의 사우나는 낡아서 흙으로 돌아가는 무너지는 오두막일 따름이었다. 니키타는 이제 할아버지의 사우나가 무너져서 더는 존재할 수 없다는 것이 안타깝기까지 했다.

아버지는 땔감을 장만하려고 헛간에서 도끼를 가져와서 텃밭에 있는 오랜 그루터기를 패기 시작했다. 그루터기는 금방 부서지기 시작했으며, 완전히 썩어서 아버지의 도끼 아래에서 가루가 되어 마른 먼지로 피어올랐다.

그루터기 머리가 사라지자 니키타는 아버지에게 이렇게 말했다.

"그런데 아빠가 없었을 때, 저 그루터기는 말도 막 하고 살아 있었어요. 땅속에는 그루터기 몸통하고 다리도 있었다고요."

아버지는 아들을 집으로 데려갔다.

"아니야, 나무는 오래전에 죽었어. 그냥 네가 모든 것들을 살리고 싶어서 그런 거야. 넌 착한 마음을 가졌으니까 말이야. 네겐 돌도 살아 있고, 돌아가신 할머니도 다시 살아나 달나라에서 살고 계시지." 아버지가 말했다.

"할아버지는 해님에 살아계시고!" 니키타가 말했다.

낮이 되자 아버지는 집의 마루를 다시 깔기 위해 헛간에서 나무판자를 자르는 작업을 했다. 그리고 니키타에게도 구부러진 못을 망치로 곧게 펴는 일을 맡겼다.

니키타는 다 큰 어른처럼 망치로 열심히 일하기 시작했다. 첫 번째 못을 곧게 펴자, 철 모자를 쓰고 자기에게 미소 짓고 있는 친절한 작은 사람이 보였다. 니키타는 아버지에게 그걸 보여주고 이렇게 말했다.

"우엉도, 그루터기도, 우물 속 인간도 그전에 다른 것들은 모두 악당이었는데, 왜 이건 착한 사람이에요?"

아버지는 아들의 밝은 금발 머리를 쓰다듬으며 대답했다.

"그냥 그 사람들은 네가 머릿속에서 생각해낸 거라서 그래, 니키타, 그것들은 존재하지 않거든. 그래서 악한 거야, 그런데 이 못 인간은 네가 직접 만들었잖니, 그래서 착하단다."

니키타는 생각에 잠겼다.

"그럼 열심히 일해서 모두를 만들어내요. 모두가 다 살아나도록 말이에요."

"그러자, 아들. 그렇게 하자, 착한 내 고래야." 아버지가 동의했다.

아버지는 전쟁터에서 니키타를 기억하면서, 마음속에서 항상 그를 '착한 고래'라고 불렀다. 아버지는 그의 니키타가 착하게 태어났고, 한평생 동안 선하게 살리란 것을 알고 있었다.

1945

바람의 농부

Ветер-хлебопашец

다소 선전적인 성격의 이 단편은 『사이좋은 친구들A-ружные ревята』이라는 잡지에 1944년 발표됐다. 플라토노프는 젊은 시절부터 태양이나 바람 등 자연의 힘을 이용한 전력 발전이나 인간의 노동을 대체하는 기계 장치의 개발에 큰 관심을 갖고 있었다. 이 단편은 2차세계대전 말미 어느 병사의 시점에서 서술된다. 어린아이와 장애인, 노인만 남은 농촌에서는 어떻게든 자연의 힘을 빌려 농사를 지으면서 평화로운 세상을 기다린다. 이를 목격한 화자는 전쟁을 빨리 끝내서 모두가 평화롭게 살 수 있도록 해야 한다고 결심하고, 서둘러 전선으로 돌아간다. 이 작품의 농부들이 풍력으로 쟁기를 끌고 농사를 짓는 것은, 결국 자연이 인간의 위대한 과업 달성에 도움이 되리라는 작가의 믿음에서 기인한다. 이와 더불어 작품에는 종전과 소중한 일상의 회복에 대한 작가의 바람이 드러나고 있다.

부대는 앞으로 진격하고 있는데, 소속 병사가 대수롭지 않은 부상으로 후방 병원에서 치료받는 건 다소 불편한 일이다. 그런 정도의 상처는 전선의 의무대에서 견뎌내는 편이 더 낫다. 나중에 후방 병원에서 나와서 소속 부대로 귀대하는 시간이 꽤 오래 걸리는데, 치료받는 동안 부대는 이미 멀리 진격했을 수도 있고, 또 부대를 횡으로, 다른 사단으로 이동시켰을 수도 있기 때문이다. 이때 부대를 찾기란 더 쉽지 않고, 그렇다고 늦게 귀대할 수도 없다. 군 복무가 어떤 일인지 잘 알고 있을뿐더러, 군인으로서 양심이 있기 때문이다.

 언젠가 나는 이런 경우를 겪었는데, 병원을 나와서 귀대하고 있었다. 이런 경우가 처음이 아니라 이미 네 번째였는데, 이전에는 수비대라서 부대는 항상 있던 자리에 있었고, 그러니 떠나왔던 곳으로 돌아가면 되는 일이었다. 그런데 이번에는 그렇지 않았다.

나는 최전선을 향해서 가고 있었는데, 흡사 길을 잃고 방황하는 기분이 들었다. 보아하니 나를 잘못된 장소로 보낸 것 같았고, 내 부대는 더 오른쪽이나 왼쪽에 있을 듯했다. 하지만 어느 쪽으로 가는 게 맞는지 물어볼 사람이 나올 때까지 나는 계속 걸어갈 수밖에 없었다.

그런데 길을 가다 보니 도중에 풍차 방앗간이 보였다. 풍차 뒤쪽으로 얼마 전까지 꽤 큰 마을이 있었던 것 같지만, 불에 몽땅 타서 더는 아무것도 없었다. 풍차의 날개 세 개는 성했지만, 나머지는 온전히 살아남아 있지 않았다. 아마 폭격당해서 파편이 날개를 관통했거나, 아니면 갈라진 쪽이 완전히 찢겨 나간 듯했다. 여하간 나는 풍차가 바람 방향을 따라 조용히 돌아가는 것을 바라보았다. '정말로 저기서 제분이 이뤄지고 있을까'라고 나는 생각했다. 사람들이 다시 빵을 만들려고 곡식을 빻고, 전쟁이 그들에게서 떠났다고 생각하니 내 마음이 즐거워졌다. 그럴수록 병사는 더욱 빨리 전진해야 한다고 생각했다. 그의 뒤로 민중들을 위한 평화와 노력이 도래하고 있기 때문이다.

방앗간 근처에서 한 농부가 겨울을 나기 위해 땅을 갈고 있는 모습도 보였다. 나는 흡사 얼이 빠진 듯 멈춰 서서 오랫동안 그를 바라보았다. 나는 들판에서 농사짓는 일을 좋아했다. 농부는 몸집이 작았는데, 일할 줄 모르거나 익숙하지 않은 것처럼 보습이 하나인 쟁기를 끌고 힘겹게 나아가고 있었다. 여기서 나는 즉시 한 가지 이상한 점을 알게 되었지만, 처음에는 그게 뭔지 제대로 알아채지 못했다. 사실 앞에서 끌어주는 말이 없는데도, 쟁기는 방앗간 쪽으로 방향을 잡고 앞으로 나가면서 쟁기질하고 있었다. 나는 이 도구의 전체 시스템을 알아보기 위해 농부에게로 가까이 다가갔다. 가까이 가면서 살펴보니 쟁기 앞에는 두 개의 밧줄이 묶여 있는데, 그것은 하나로 꼬여 있었고 그 일체로 꼬인 밧줄이 땅바닥을 따라서 방앗간 안쪽으로 연결된 것이 보였다. 이 밧줄이 쟁기를 팽팽히 당기며 조용히 끌어주고 있던 것이다. 그리고 쟁기 뒤로 열다섯 살도 채 안 된 사람이 있었다. 그는 자신의 하나뿐인 오른손으로 쟁기의 손잡이를 잡고 있었고, 왼팔은 아무렇게나 축 늘어져 있었다.

나는 농부에게 다가가 어디 사는 누군지를 물어보았다. 그는 열여섯 살이 되었다고 했는데, 실제로 외팔이었다. 그래서 그는 긴장하고 또 두려워하면서 쟁기질하고 있었다. 그는 쟁기가 땅속으로 너무 깊이 박혀 파고 들어가서 밧줄이 끊어질까 두려워했다. 방앗간은 쟁기질하는 곳에서 가까웠는데, 20사젠* 정도의 거리로, 더 멀리까지 쟁기질하기엔 밧줄 길이가 부족해 보였다.

흥미가 생긴 나는 풍차 방앗간 안으로 들어가서 이 어린

---

*   예전 러시아의 길이 또는 거리 단위. 1사젠은 약 2미터이다.

외팔이의 쟁기질 방법을 전부 알아봤다. 사실 단순한 작업이었지만 지혜와 필요에 따라 알맞은 방법을 찾아낸 것이었다. 방앗간 안에는 쟁기질용 밧줄의 다른 쪽 끝이 풍차와 연결된 맷돌의 윗돌 손잡이에 묶여 있었다. 맷돌의 윗돌은 아래에 놓인 돌 위에서 밧줄에 당겨진 채 회전하고 있었다. 그리고 맷돌 손잡이에 묶인 밧줄이 돌아가면서 쟁기질을 할 수 있도록 쟁기를 끌고 있었다. 맷돌이 회전하는 방향 반대편으로 다른 사람이 부산하게 걸어가면서 밧줄을 반대로 뒤로, 땅으로 던졌는데, 손잡이에는 서너 개의 고리 모양으로 밧줄을 걸어서 쟁기를 당기도록 했다.

방앗간에서 작업을 하는 키 작은 사람도 역시 젊었지만, 흡사 마지막 임종을 앞둔 사람처럼 지치고 쇠약해 보였다.

나는 다시 밖으로 나갔다. 곧 쟁기가 맷돌에 가까워지자 외팔 남자는 밧줄 매듭을 풀었고, 쟁기의 연결 고리가 맷돌 쪽으로 딸려 들어가면서 쟁기는 흙 속에서 멈췄다.

초췌한 작은 남자는 방앗간에서 나와서 밧줄의 다른 쪽 끝을 끌었다. 그런 다음 밖에서 경작하던 사람과 둘이서 쟁기 방향을 돌려서 밭 반대쪽으로 갔고, 거기에서부터 새로운 고랑을 파기 시작했다. 나는 여기서 그들을 도왔다.

병약한 작은 남자는 쟁기를 땅에 고정한 후 이전에 하던 작업을 하기 위해 다시 방앗간으로 돌아갔고, 잠시 후 다시 작업이 시작되었다.

이번에는 내가 직접 쟁기를 끌고 작업을 시작했고, 외팔 남자는 나를 따라오면서 잠시 휴식했다.

나중에 보니 그들은 내년 여름 밭농사를 짓기 위해 땅을 갈고 있었다. 독일 군인들은 마을에서 쓸 만한 사람들을 전부 끌고 갔고, 일도 하지 못하고 식량만 축낸다고 여겨지는 사람들, 즉 어린아이들, 고령으로 힘이 빠진 노인과 노파들만 마을에 남겨 두었다. 독일인들은 장애가 있는 외팔이는 데려가지 않았고, 방앗간의 청년은 폐결핵으로 몸이 약하니 차라리 죽으라고 그냥 두고 간 것이다. 이전에 그는 이렇게 폐결핵이 걸릴 정도로 약하진 않았는데, 독일군의 군사 작전에 동원되어서 굶은 나머지 이렇게 된 것이었다. 그곳에서 그는 심한 감기에 걸렸고, 굶은 채 일하면서 고난을 견뎌냈고, 그 이후로 쇠약해지기 시작했다.

"우리가 그나마 이 불타버린 마을 전체에서 일할 수 있는 단 두 사람입니다. 우리 두 사람은 그래도 일을 견뎌낼 수 있지만, 다른 사람들은 힘이 없어요. 어린아이들이라서요. 노인들은 이미 70세 이상입니다. 그러니 우리 둘이 모두를 위해 밭을 갈고 씨를 뿌릴 겁니다."

외팔 남자가 이렇게 말했다.

"마을엔 전부 몇 명이나 있소?"

나는 외팔 남자에게 이렇게 물었다.

"많지 않아요. 43명이 남았어요. 여름까지라도 살아남을 수만 있다면 좋으련만……. 하지만 우리는 살아남을 겁니다. 종자용 곡물을 대여해준다고 해요. 우선 밭을 다 갈고 나면 바퀴 달린 수레를 만들기 시작할 겁니다. 그냥 옮기기엔 힘이 모자라서요. 나는 팔이 하나고, 저 친구는 심장이 아프니까요. 일단 창고에서 곡물 종자를 운반해와야 해요. 여기서 32킬로미터나 떨어져 있어요."

외팔 남자가 내게 이렇게 알려줬다.

"말이나 소 같은 가축도 정말 한 마리도 안 남았소?"

나는 외팔 남자에게 이렇게 물어보았다. 나는 그를 바라보았다. 그는 노인처럼 보였지만, 실제로는 아직 십대로, 미성년이었다. 그의 눈은 순수하고 선했으며, 몸은 성인 남자의 키로 성장하기에는 제대로 영양을 섭취하지 못한 듯했다. 얼굴은 제 나이를 넘어선 사려 깊은 걱정으로 겉늙어 보였으며, 기쁨 없이 회색이 되어 있었다.

"안 남았어요. 독일놈들이 소를 잡아먹고, 말은 작업에 동원돼서 쓰러졌고, 마지막 남은 말 다섯 마리와 종마는 데려갔어요." 그가 내게 말했다.

"이제 어떻게 살아남을 수 있겠소?" 나는 물어봤다.

외팔 남자가 나에게 말했다.

"숨을 골라야지요. 우리에겐 소망이 있습니다. 보시다시피 우리 두 사람이 함께 일하는데, 바람이 우리를 돕고 있어요. 안 그랬으면 최소 10명에서 15명은 되는 사람이 쟁기를 끌어야 했을 겁니다. 그런데 어디서 그런 사람을 구하겠어요! 앞으로는 독일놈들에게 끌려가던 누군가가 도망쳐서 돌아올 수도 있고, 그러면 봄부터는 더 크게 농사를 시작할 수 있을 겁니다. 아이들도 자랄 거고……. 노인은 늙고 힘도 없어졌지만, 그래도 그분들은 지혜로운 생각을 할 줄 아니까요…….'

"이런 식으로 쟁기질을 하는 건 누가 생각해낸 거요?" 내가 이렇게 물었다.

"콘드라트 예피모비치라는 할아버지요. 그는 전 우주를 알고 있다고 말하죠. 어떻게 해야 할지 그분이 이야기해주면, 우리는 그대로 했어요. 할아버지가 계시는 한 우린 죽지 않을 거예요. 지금은 그가 의장이고, 나는 그의 직무대리인 셈이지요."

그러나 군인으로서 나는 더는 그곳에 머물 시간이 없었다. 말을 하다 보면 눌러앉고 싶어질 것이다. 나는 이 외팔 농부와 바로 헤어져야 하는 게 유감이었다. 그럼 도대체 무엇을 할 것인가? 나는 우리 민족의 형제애를 느끼며 그에게 작별의 키스를 했다. 그는 농부고 나는 군인이다. 그는 세계를 먹여 살리고, 나는 죽음을 부르는 독일인으로부터 그를 보호할 것이다. 농부와 나는 같은 일을 하며 살고 있다.

1944

옮긴이의 말

"우리는(러시아인들은) 전쟁을 하지만, 그것은 적에 대한 증오 때문이 아니라, 조국에 대한 사랑 때문이다." 10년 전 즈음 모스크바에서 열린 학회에서 한 러시아 학자가 플라토노프를 인용하면서 이렇게 말했다. 이 표현이 오래도록 기억에 남아서 그 출처인 「철갑」을 읽어보고, 플라토노프의 다른 전쟁 산문들과 함께 우리말로 옮겨 둔 것도 그때였다.

2022년 2월 말 구소련 해체 이후 오랫동안 각자의 입장을 고집하며 아슬아슬하게 평행선을 유지해오던 러시아와 우크라이나 간의 긴장이 깨졌다. 러시아는 '특수 군사 작전'이라고 주장하고 우크라이나를 포함한 유럽 각국과 미국은 '전쟁'이라고 말하는 러시아의 우크라이나 침공이 시작된 것이다. 전쟁 발발 몇 달 전부터 심상치 않은 기운이 감지되었다. 서구 언론의 보도와는 다른 러시아의 입장, 크림반도에 대한 역사적 배경 등을 지인들에게 설명하면서 나는 그야말로 '친러파'답게 굴었다. 우리 언론에서는 잘 다뤄지지 않는, 푸틴을 위한 변명이 백 가지는 준비되어 있었다. 하지만 전쟁의 발발은 그 모든 이유와 변명을 무화시켰다. 옳고 그름, 정의와 불의의 논쟁은 의미가 없어졌다. 죄 없는 생명이 희생되는 순간부터 전쟁은 그 자체로 악이기 때문이다. 러시아와 우크라이나 전쟁에 관해 묻는 여러 질문에 그 이후로는 말을 아낄 수밖에 없었던 이유이다.

걸프전이 인류사 처음으로 텔레비전으로 생중계되던 1990년대 전쟁은 우리와 상관없는 가상의 사건처럼 여겨졌다. 흡사 당시 유행하던 전자 오락게임처럼 폭격은 작은 화면 속에서 벌어지는 다른 차원의 사건이었다. 내가, 또는 사랑하는 사람들이 다칠 수도 있다는 공포는 크게 와닿지 않았다. 그만큼 그들과 우리 사이의 물리적, 심리적 거리감은 상당했다. 그리고 몇 번의 전쟁이 더 있었다. 특히 소련 해체 이후 여러모로 불안정한 체제를 유지하던 러시아는 크고 작은 전쟁에 자주 연루되었다. 체첸 전쟁은 몇 년이나 지속되었고, 2000년 권좌에 오른 젊은 푸틴은 이 전쟁을 수습하면서 권력을 공고히 했다. 21세기에 들어와서도 러시아의 조지아 침공이 있었고 우크라이나와는 크고 작은 물리적 갈등이 그치질 않았다.

그러는 사이 세상은 많이 변했다. 매체의 발달은 사람들 사이의 물리적, 심리적 거리감을 좁혀주었다. 요즘은 방송뿐만 아니라 개인 유튜버들도 세계 곳곳의 풍물을 소개하고, 타국 사람들의 삶으로 깊숙이 들어가서 그들의 일상을 우리에게 전해주고 있다. 세상 어느 나라에도 친구가 있고, 어디라도 실시간으로 볼 수 있게 이렇게 촘촘히 연결된 시대에 전쟁이라니. 조지아와의 전쟁처럼 어떤 식으로든 빠른 해결책을 찾기를 바랐다. 하지만 반대로, 꼬일 대로 꼬인 정세와 러시아인 특유의 예측 불가능성, 그리고 각국의 이익이 복잡하게 얽힌 상황에서 전쟁은 예기치 않게 길어졌고, 사람들은 점차로 전쟁에 익숙해지고 또 피로해졌다.

사실 러시아는 전쟁과 자주 연관되지만 반대로 늘 평화를 이야기하는 나라기도 하다. 톨스토이의 유명한 소설 제목이기도 한 "전쟁과 평화"는 러시아를 이해하는 중요한 키워드이다. 특히 1812년 나폴레옹 전쟁과 2차세계대전은 러시아인들에게 특별히 의미 있는 사건이다. 그들은 이 두 전쟁에 '조국'이라는 이름을 부여했다. '조국 전쟁', 즉 나폴레옹 전쟁은 오랫동안 유럽의 변방이었던 러시아가 세계사의 중심으로 부상한 일대 사건이었다. 전 유럽의 지배자이자 젊은 이들의 영웅이었던 나폴레옹이 러시아에 패망한 것이다. 이 전쟁의 의미는 톨스토이의 『전쟁과 평화』에 잘 나타나 있다. 서유럽의 강자 프랑스에 승리했다는 자긍심과 더불어 이를 통해 얻고자 하는 평화로운 삶에 대한 러시아인들의 열망도 말이다.

두 번째의 '조국 전쟁', 즉 2차세계대전은 러시아인들에게 더 큰 의미를 지닌다. 그들은 '위대한'이라는 수식어를 더해 이 전쟁을 '위대한 조국 전쟁'이라고 부른다. 이 전쟁 후 러시아인들은 유럽을, 아니 세계를 나치의 손에서 구해내서 인류사를 바꾸었다는 긍지를 가지게 된 것이다. 하지만 그 대가는 수천만에 이르는 러시아인들의 목숨이었다. 이 비극적인 전쟁에 거의 모든 러시아인이 직간접적으로 참여했고, 그에 대한 수많은 목격담을 쏟아냈다. 2차세계대전에 관한 작품들이 문학과 영화, 미술과 음악 등 여러 예술 장르에서 창작되었고, 대체로 그것은 숭고한 희생에 대한 애가이자 러시아의 위대한 승리에 대한 송가로 나타났다.

그런데 플라토노프의 '전쟁 산문'은 이와는 결이 다른, 독특한 목소리를 담고 있다. 작가는 전쟁을 그저 관찰한 것이 아니라 전쟁 속으로 뛰어들었다. 플라토노프는 전쟁에서 희생된 사람들과 그 가족들의 치유될 수 없는 내적 고통에 주목했으며, 사건을 전달하기보다 전쟁과 악의 본질에 대한 철학적 고찰을 시도했다.

과거 1920년대 작가의 작품에서는 날카로운 풍자의 칼날도 느껴지지만, 현실 공산주의 건설 과정에서 왜곡된 이념에 대한 애틋한 마음도 감지된다. 그 시기 플라토노프의 창작에서 '적'이 누구인지 찾기 힘들었다면, '전쟁 산문'에서 히틀러와 파시즘의 얼굴로 나타나는 적을 특정하기란 어렵지 않다. 에피소드처럼 보이는 단편들에서 작가는 전쟁을 추동하는 원인에 대한 근원적 질문을 던지고 있다. 몇몇 작품에서 드러나는 것처럼, 플라토노프는 파시즘이 가능했던 이유를 사유의 부재, 스스로 말할 능력을 잃어버린 인간들에게서 보고 있다. '텅 빈 영혼'이 전쟁을 가능하게 한다는 작가의 고찰은 아이히만의 재판 참관 후 '악의 평범성'이라는 개념을 통해 사유와 말의 부재로 악을 정의했던 한나 아렌트의 결론과도 유사하다.

흥미로운 점은 1920년대 작품에 나타났던 스탈린식 공산주의의 관료적 인간상이 히틀러를 추종하는 파시스트들에게도 유사한 모습으로 그려지고 있다는 것이다. 20세기 극단적 전체주의의 두 이형, 스탈리니즘과 파시즘을 가장 가까이서 경험한 플라토노프는 이들의 유사점을 명민하게 포착했고, 이를 기록한 것이다. 청년 시절 목격한 혁명과 장년이 되어 겪은 전쟁이라는 두 가지 사건은 플라토노프의 삶과 문학의 변곡점이 되었으며, 이에 대한 플라토노프의 기록은 20세기 인류사의 중요한 증언으로 남게 된다.

러시아와 우크라이나 전쟁 이후 두 나라 모두에 가까운 친구들과 지인이 적지 않은 나는 자주 전전긍긍할 수밖에 없었다. 유학 시절 같은 지도교수 아래서 수학했던 우크라이나 친구 이리나는 러시아 남자와의 사이에서 아들을 낳고 미혼모가 되어 고향으로 돌아갔다. 그녀는 오랫동안 중부 우크라이나 작은 도시 중학교에서 러시아문학을 가르쳤다. 자기 도시로 흘러 들어오는 피란민들과 언제 징집될지 모르는 아들을 걱정하던 그녀는 2022년 5월을 마지막으로 소식이 없다. 극동 한 대학의 교수인 다른 친구는 나이 마흔의 고전학자인 남편이 전쟁에 끌려갈까 봐 우즈베키스탄의 한 대학으로 남편만 미리 보내놓고 전전긍긍하고 있었다. 오랜 시간 알고 지낸 이 부부가 어디라도 좋으니 일자리를 부탁한다고 연락이 왔다. 코로나 직전 서울 유수의 사립대학에서 교수직을 제안했을 때, 남편과 같이 있어야 한다며 거절했던 그녀였다.

1917년 혁명 이후 수많은 지식인과 예술가가 러시아를 떠나서 거대한 디아스포라를 형성했듯이, 지금 이 전쟁으로 우크라이나와 러시아의 평범한 사람들은 다시 삶터를 떠날 운명에 처해 있다. 플라토노프의 '전쟁 산문'을 옮기면서 도대체 전쟁이 무엇이며, 아버지는 왜 돌아올 수 없는지에 대한 아이의 질문에 답할 수 없는 여전한 현실이 무엇보다 참담했다. 갈등과 증오, 폭력과 전쟁이라는 위기 상황을 반복적으로 맞고 있는 21세기의 인류에게 20세기의 역사는 과연 아무런 해답을 줄 수 없었는가, 우리는 왜 익숙한 과거를 반복하는가, 라는 질문에 대한 대답으로서 플라토노프의 '전쟁 산문'은 여전히 유효할 수밖에 없다.

이 책에 실린 작품들은 다음의 판본에서 선별되었음을 밝힌다.

1. Платонов А. *Иван Великий*. М.: Советский писатель. 2000.
2. Платонов А. *Собрание сочинений в трех томах. Т.3*. М.: Советская Россия. 1985.
3. Платонов А. *Я прожил жизнь, Письма 1920-50 гг.* М.: ИМЛИ РАН, АСТ. 2014.

2023년 겨울
윤영순

작가 소개

안드레이 플라토노비치 플라토노프Андрей Платонович Платонов, 1899-1951는 1899년 러시아 남부의 도시 보로네슈Воронеж 근교의 역참마을에서 태어났다. 본명은 안드레이 플라토노비치 클리멘토프Андрей Платонович Климентов이다. 가난한 철도 노동자의 맏이로 태어난 작가는 어린 나이에 노동 현장에 뛰어들어야 했다. 교육도 받지 못하고 생계를 돕기 위해 일찍 어른이 되어야 했던 가난한 청년에게 1917년의 혁명은 새로운 세상을 열어주었다. 그는 철도대학에서 엔지니어 교육을 받았고, 시와 산문을 쓰면서 문학에 몰두했다. 이 시기 청년 플라토노프는 혁명을 '열린 가슴'으로 받아들이면서, 혁명이 만들어줄 유토피아에 대한 희망을 숨기지 않았다.

1920년대 플라토노프는 토지측량기사로 일하면서도 끊임없이 문학 작품을 창작했다. 이 시기 그는 공상과학소설 등의 형식으로 공산주의 유토피아의 미래를 그렸고, 점차 작가로서의 명성도 얻게 되었다. 그러던 플라토노프가 '풍자'로 방향을 돌리게 된 계기는 1920년대 중반 공산주의 건설 과정의 부조리를 목격하면서부터였다. 그는 특히 관료주의의 문제점에 주목했는데, 스스로 판단하지 못하고 당과 국가가 하는 말을 무조건 따르는 관료들, 타인의 말을 앵무새처럼 반복하는 영혼 없는 군상들을 날카롭게 꼬집었다.

스탈린 체제가 견고히 자리를 잡아가던 1920년대 후반 플라토노프는 더욱 적극적으로 자기 시대의 초상을 그려냈다. '인간이 없는' 공산주의 건설의 현실을 작가는 그대로 지면으로 옮겼고, 당대의 언어로 그려진 현실은 더욱 그로테스크했다. 장편 소설 『체벤구르Чевенгур』, 중편 소설 『코틀로반Котлован』 등의 대표작들도 이 시기에 집필되었다. 하지만 동시대 유토피아의 허상을 겨냥한 날카로운 풍자는 문단 안과 밖 권력자들의 눈에 거슬렸고, 작가는 스탈린의 직접적 비난까지도 감내해야 했다. 1930년대 플라토노프는 창작을 계속했지만, 문단의 주류로부터는 점점 멀어졌다.

사회주의 리얼리즘 사조가 예술을 지배하던 1930년대 중반 플라토노프도 나름의 활로를 찾고자 했다. 작가는 이제 먼 이념이 아니라, '가까운 대상'으로 눈을 돌리면서 '자기 시대와 화해'하고자 했다. 하지만 이런 그의 노력은 허사로 돌아갔으며, 1937년 대숙청의 시기에는 열다섯 살에 불과한 아들 플라톤이 시베리아 유형에 처해지는 개인적 비극을 겪기도 했다. 작가는 아들을 구명하기 위해 백방으로 노력했고 아들은 돌아올 수 있었지만, 이때 얻은 폐병으로 1943년 사망했다.

불행과 고통 속에서 문단에서 멀어지던 작가에게 2차세계대전은 일종의 기회로 다가왔다. 종군기자로 참전했던 플라토노프는 최전선에서 전쟁을 목격하고 증언했다. 이때의 작품들은 전쟁이라는 현상 자체보다는 전쟁을 추동하는 힘에 주목하고 있다. 이와 더불어 작가는 삶과 죽음이 가장 원초적인 형태로 드러나는 곳에서 인간 존재에 관한 질문을 던지고 있다. 이 시기 장인과 아들의 죽음을 한꺼번에 겪은 작가는 전쟁터에서 목격한 수많은 죽음의 의미를 되새기면서 삶의 영속성, 영혼의 부활이라는 오랜 주제로 돌아가게 된 것이다. 전쟁이 끝나갈 무렵 플라토노프는 전선에서의 공로를 인정받아 훈장까지 받으면서 실질적으로 복권되었다. 하지만 기쁨은 길지 않았다. 전후 발표된 중편 소설 「귀향Возвращение」에서 플라토노프가 그려낸 귀향을 망설이는 이바노프 대위의 모습이 사회주의 전사의 긍정적 전형에 적합하지 않다며 작가는 다시 엄청난 비난을 받았다. 제대로 지면조차 얻지 못한 채 타격을 입은 작가는 1951년 쓸쓸히 생을 마감했고, 사랑하는 아들이 매장된 아르메니아 공동묘지에 묻히게 되었다.

플라토노프에 대한 평가는 사후 점차로 바뀌었는데, 초기 단편 작품들과 '전쟁 산문' 작품들을 중심으로 1960년대부터 주목받기 시작했다. 특히 1980년대 후반 페레스트로이카 시기에 작가는 완전히 재발견되고 재평가되어 이후 소비에트 최고의 산문작가로 꼽힌다. 미발표 작품들이 출판되었고, 러시아 중고등학교 교과서에 작품이 실렸으며, 가장 활발히 연구되는 20세기 작가 중 한 명이 되었다. 특히 혁명과 소비에트 시기를 고스란히 반영하는 그의 작품들은 인류사의 가장 중요한 실험 중 하나였던 공산주의 유토피아 건설을 읽을 수 있는 중요한 자료로 여겨진다. 더 나아가 이 책에서 국내 처음으로 소개하는 '전쟁 산문'의 경우, 인류사 가장 비극적인 전쟁인 2차세계대전에 대한 중요한 증언이자 악과 증오의 본질에 대한 심오한 관찰로, 역사적, 철학적 관점에서도 큰 의의를 지닌다.

편집 후기

 편집자를 하려면 좀 따분해야 할 것 같고 한물간 사람처럼 별 의욕이 없어야 될 것 같다. 밤하늘이 생각나는데, 밤하늘을 정말 보려면 밤하늘을 보기 전에 우선 이런 생각부터 먼저 지워야겠다. 편집자를 하기 위해선 나름대로 감내해야 될 것들이 있는데 그건 어느 직업이나 마찬가지고 좀 따분할 필요도 있고 굉장히 이상한 사람처럼 뻔뻔해야 할 일도 생긴다.

 나는 이것을 인생을 생각하며 쓰고 있다. 인생을 살아가는 사람, 그러니까 인생자人生者라고 할까. 편집자 얘기를 하니까, 이 모두를 인생자라고 얘기한다. 인생자를 하려면 좀 따분해야 맞을 것 같고 그냥 어느 순간이 되면 인정해야 될 것 같고 아이에게서 세상을 봐야 할 것 같다. (내 눈에 아이들은 신 같다. 저기 여자 신을 데리고 아빠가 간다. 저 여자들은 한 손에 각자 신을 데리고 와서 만난다. 작아서 신 같고 울어서 신 같고 말 안 듣고 손 많이 가서 신 같다.) 거리를 걸어가는 오후에 잠에서 깨어난 사람이 느릿하게 공중으로 부양한다. 인생자는 점점 알 수가 없다. 슬픈 일, 즐거운 일, 기분 나쁜 일, 감탄하는 일 많은 일이 생기는데 무언가 자꾸 묘연해지는 느낌이다. 그건 괜찮아지는 기분 같기도 하다. 그렇게 인생은 평정심을 되찾는다. 그래서 인생자는 책도 보고 술도 마시고 깔깔 웃는 아이를 들어 올리며 '편집 후기' 생각도 할 수 있다. 가끔 환호도 하면서.

전쟁과 산문, 이 말들이 함께 있는 분위기가 좋았다. 우리가 어떻게 이 작품을 맡게 되었나. 우리는 '텅 빈 영혼'이 좋았나, '평범한 수분'이 되도록 하는 악에 찬 목소리가 좋았나. 작가의 문학 세계에서 '소품'으로 부를 수 있는 이번 플라토노프의 '전쟁 산문'은 꼭 극장 같았다. 주어진 역할과 대사가 있고 모두들 기대하며, 그 기대에 부응하는 결말이 있는 대본 같았으며, 무엇보다 아기자기했다. 그것을 보여주고 싶었다. 전쟁에 관한 문학을 많이 읽어본 것은 아니지만, 나는 플라토노프의 '전쟁 산문' 같은 순수한 전쟁 텍스트를 알지 못한다. 단막극 같은, 한결같고 초월적이며, '로자'의 자유와 해방 같은, 마지막에 이르러 승리를 말할 수 있는 텍스트가 나에게 우리에게 이 시대에 필요한 것 같았다. 나는 단조롭게 꿈꾸지만, 나의 인생자는 오늘도 거리에서 차들이 깨부숴지고 느티나무가 새가 되고 가슴이 폭발하고 새롭게 새롭게 이야기가 진행되는 걸 본다. "사랑하는 당신. 그곳에서 홀로 어떻게 살아가고 있소?" 나는 계속 여기저기 옮겨 다니고 있소.

『전쟁 산문』. 안드레이 플라토노프가 종군기자로 참전하여 쓴 '전쟁 산문' 9편과 아내와 아들에게 보낸 편지를 싣는다. 전쟁에 자원하여 이 작품들을 쓴 1942년-1945년은 작가가 장인과 아들의 죽음을 겪은 비극적인 시기와 겹친다. 『전쟁 산문』은 2차세계대전에서 피해자였던 러시아 민족의 입장을 볼 수 있는데, 2022년 2월 시작된 러-우 전쟁과 비교하면 이 과거의 기록은 그저 과거에 머물러 있는 유산이 아님을 알게 된다. 신은 평화롭게 잠들어 계시고 나는 하품이 나오고 눈만 깜빡이는데.

미행에서 만든 책들

1	소설	마르셀 프루스트	최미경	**쾌락과 나날**
2	시	조르주 바타유	권지현	**아르캉젤리크**
3	소설	유리 올레샤	김성일	**리옴빠**
4	시	윌리스 스티븐스	정하연	**하모니엄**
5	소설	나카지마 아쓰시	박은정	**빛과 바람과 꿈**
6	시	요제프 어틸러	진경애	**너무 아프다**
7	시	플로르벨라 이스팡카	김지은	**누구의 것도 아닌 나**
8	소설	카트린 퀴세	권지현	**데이비드 호크니의 인생**
9	르포	스티그 다게르만	이유진	**독일의 가을**
10	동화	거트루드 스타인	신혜빈	**세상은 둥글다**
11	산문	미시마 유키오	강방화·손정임	**문장독본**
12	소설	마르셀 프루스트	최미경	**익명의 발신인**
13	시	E. E. 커밍스	송혜리	**내 심장이 항상 열려 있기를**
14	시	E. E. 커밍스	송혜리	**세상이 더 푸르러진다면**
15	산문	데라야마 슈지	손정임	**가출 예찬**
16	칼럼	에릭 사티	박윤신	**사티 에릭 사티**
17	산문	뤽 다르덴	조은미	**인간의 일에 대하여**
18	르포	존 스타인벡·로버트 카파	허승철	**러시아 저널**
19	소설	윌리엄 포크너	신혜빈	**나이츠 갬빗**
20	산문	미시마 유키오	손정임·강방화	**소설독본**
21	소설	조르주 로덴바흐	임민지	**죽음의 도시 브뤼주**
22	시	프랭크 오하라	송혜리	**점심 시집**
23	산문	브론테 자매	김자영·이수진	**벨기에 에세이**
24	소설	뱅자맹 콩스탕	이수진	**아돌프 / 세실**
25	산문	안드레이 플라토노프	윤영순	**전쟁 산문**

한국 문학

1	시	김성호	**로로**
2	시	유기환	**당신이 꽃 옆에 서기 전에는**

안드레이 플라토노비치 플라토노프(Андрей Платонович Платонов, 1899-1951)는 1899년 러시아 남부의 도시 보로네슈 근교의 역참마을에서 태어났다. 가난한 철도노동자의 맏이로 태어난 작가는 어린 나이에 노동 현장에 뛰어들어야 했다. 그는 철도대학에서 엔지니어 교육을 받았고, 시와 산문을 쓰면서 문학에 몰두했다.

스탈린 체제가 견고히 자리를 잡아가던 1920년대 후반 플라토노프는 더욱 적극적으로 자기 시대의 초상을 그려냈다. 『체벤구르(Чевенгур)』, 『코틀로반(Котлован)』 등의 대표작들도 이 시기에 집필되었다. 하지만 동시대 유토피아의 허상을 겨냥한 날카로운 풍자는 문단 안과 밖 권력자들의 눈에 거슬렸고, 작가는 스탈린의 직접적 비난까지도 감내해야 했다. 1930년대 플라토노프는 창작을 계속했지만, 문단의 주류로부터는 점점 멀어졌다.

2차세계대전이 일어나고 종군기자로 참전했던 플라토노프는 최전선에서 전쟁을 목격하고 증언했다. 이때의 작품들은 전쟁이라는 현상 자체보다는 전쟁을 추동하는 힘에 주목하고 있다. 전후 발표된 중편 소설 「귀향(Возвращение)」에서 플라토노프가 그려낸 귀향을 망설이는 이바노프 대위의 모습이 사회주의 전사의 긍정적 전형에 적합하지 않다며 작가는 다시 엄청난 비난을 받았다. 제대로 지면조차 얻지 못한 채 타격을 입은 작가는 1951년 쓸쓸히 생을 마감했다.

플라토노프에 대한 평가는 사후 점차로 바뀌었는데, 초기 단편 작품들과 '전쟁 산문' 작품들을 중심으로 1960년대부터 주목받기 시작했다. 그의 '전쟁 산문'은 인류사 가장 비극적인 전쟁인 2차세계대전에 대한 중요한 증언이자 악과 증오의 본질에 대한 심오한 관찰로, 역사적, 철학적 관점에서도 큰 의의를 지닌다. 페레스트로이카 이후 플라토노프는 완벽히 복권되었으며, 20세기 소비에트 문학을 대표하는 작가로 평가받고 있다.

옮긴이 윤영순은 경북대학교 노어노문학과 학사, 석사를 졸업하고 「플라토노프의 창작에 드러난 작가 입장의 문제」로 모스크바 국립사범대학에서 박사 학위를 받았다. 현재 경북대학교 노어노문학과 교수로 재직하고 있으며, 한국연구재단 인문학 단장을 역임하고 있다.
러시아 소비에트 문학 전공으로, 안드레이 플라토노프, 바실리 그로스만, 스베틀라나 알렉시예비치 등의 작가를 연구하고 있다. 특히 2차세계대전에 대한 러시아 소비에트 문학 작품들에 관심을 가지고, 전쟁 문학에 대한 다수의 논문을 집필했다. 플라토노프의 장편 소설 『체벤구르』를 번역 소개했다.

전쟁 산문

안드레이 플라토노프
윤영순 엮고 옮김

초판 1쇄 발행 2024년 1월 29일

펴낸곳 미행
전화 070-4045-7249
인쇄 제책 영신사
ISBN 979-11-92004-19-8 03890

출판등록 제2020-000047호
메일 mihaenghouse@gmail.com